FAZER ACONTECER E FAZER POR MERECER

Jefferson Leonardo

FAZER ACONTECER
E
FAZER POR MERECER

2ª Edição
Revista e Atualizada

Copyright© 2010 by Jefferson Leonardo

Todos os direitos desta edição reservados à Qualitymark Editora Ltda.
É proibida a duplicação ou reprodução deste volume, ou parte do mesmo,
sob qualquer meio, sem autorização expressa da Editora.

Direção Editorial	Produção Editorial
SAIDUL RAHMAN MAHOMED	EQUIPE QUALITYMARK
editor@qualitymark.com.br	produção@qualitymark.com.br

Capa	Editoração Eletrônica
WILSON COTRIM	ARAÚJO EDITORAÇÃO
	leiteserrano@ig.com.br

1ª Edição: 2007	2ª Edição: 2010

CIP-Brasil. Catalogação-na-fonte
Sindicato Nacional dos Editores de Livros, RJ

L596f

Leonardo, Jefferson

    Fazer acontecer e fazer por merecer / Jefferson Leonardo. – Rio de Janeiro : Qualitymark Editora, 2010.
    128p.

Inclui bibliografia
ISBN 978-85-7303-930-6

    1. Mudança organizacional. 2. Desenvolvimento organizacional. 3. Comportamento organizacional. 4. Administração de pessoal. 5. Recursos humanos. I. Título.

07-2499   CDD: 658.406
                                                                       CDU: 65.011.8

2010
IMPRESSO NO BRASIL

Qualitymark Editora Ltda.
Rua Teixeira Júnior, 441 – São Cristóvão
20921-405 – Rio de Janeiro – RJ
Tel.: (21) 3295-9800 ou 3094-8400

QualityPhone: 0800-0263311
www.qualitymark.com.br
E-mail: quality@qualitymark.com.br
Fax: (21) 3295-9824

Dedicatória e Agradecimentos

A construção de uma vida e de suas realizações está intimamente ligada a um ciclo de passagem de pessoas. Tudo se inicia com a família, depois com os primeiros amigos e professores na escola, e, em seguida, com os amigos e líderes das empresas em que trabalhamos, e finalmente retorna à família, mas dessa vez à família que criamos.

É esse ciclo de pessoas que continua me ensinando, inspirando e entusiasmando a seguir a minha construção. Meu superobrigado e agradecimentos para:

- Meu pai, Sr. Palmiro, que lá de cima continua sendo meu espelho de bondade, caráter e dedicação;

- Minha mãe, D. Maria, que até hoje nunca mediu esforços para fazer tudo para mim e para me ver feliz;

- Minha irmã, Rose, que sempre acompanhou a minha carreira;

- Meus amigos de festa, Armindo, Harley, Laerte e José Carlos, pelos maravilhosos momentos de boemia;

- Meu sócio, Fernando, pela fidelidade, dedicação, incentivo e apoio em todas as minhas empreitadas malucas;

- Meu amigo-irmão, Márcio, que nesse trajeto de vida e carreira sempre me acolheu e me aconselhou nas horas difíceis, e a quem pude confessar todos os meus segredos e depositar minha total confiança;

- Minha esposa, Paula, pelo apoio, paciência e sabedoria na condução da nossa família e minha carreira;

- Meu filho, Yuri, pelo respeito e compreensão nos momentos de ausência;
- Deus, por iluminar o meu caminho e permitir que, de alguma forma, este livro possa ajudar na construção de algo ou de alguém.

Prefácio

O mundo tem experimentado, nos últimos anos, uma grande transformação organizacional, com inovações tecnológicas, industriais, administrativas, sempre na busca de equilíbrio que resulte na equação positiva de "custo × benefício".

Lendo obras dos grandes pensadores contemporâneos nas áreas de psicologia, administração, organização e comportamento, o que se tem observado é que todos caminham para uma constatação universal: "A única coisa definitiva é a *mudança*".

Em paralelo, não é difícil aprender que o sucesso passa, necessariamente, por criatividade e inovação.

Então, juntando esses ingredientes e acrescentando o ser humano que viabiliza tais aplicações, podemos entender que o capital intelectual do homem, somado esses conceitos contribui significativamente para o sucesso das organizações.

Homens sensíveis às mudanças, tanto internas quanto externas, são profissionais que acrescentam sobremaneira à sociedade; portanto, mantê-los motivados a buscar sempre sua melhor "performance" é um dos grandes desafios da organização moderna.

Analisando as páginas da obra de Jefferson Leonardo, noto, com clareza, a real contribuição que seus 15 anos de pesquisa na área de motivação e criatividade vêm trazer a esse novo cenário sócio-organizacional.

Profissional dedicado e estudioso, Jefferson Leonardo milita na área de Recursos Humanos há mais de 30 anos, atuando na direção desse segmento de forma brilhante, transformando-se nas últimas décadas num dos mais criativos e competentes consultores organizacionais do sul do país.

JEFFERSON LEONARDO

Este livro, atual e moderno, começa de forma objetiva e palatável, mostrando a importância de temas como *Metanóia*, a partir do qual adquirimos as condições para enxergar de maneira nova as realidades e as transformações.

A *Percepção*, um valor intangível, é outro capítulo abordado de maneira lúcida. Por meio de exemplos reais, vivenciamos a experiência de transformar problemas em oportunidades.

Jefferson mostra, ainda, como nossa mente é capaz de nos pregar peças no capítulo *Piloto Automático*. Nessa seção, demonstra que ações podem ser feitas de forma despercebida e com a agravante de acharmos que as estamos realizando de maneira correta.

Temas como *Intuição* também fazem parte desta obra. Jefferson demonstra de forma irreparável a voz da inteligência e do coração: o *insight*.

Mostra, também, a importância do *Sono* na nossa saúde física e mental, e conclui sua obra com uma bela história com importantes conceitos organizacionais e de vida.

Enfim, um livro interessante e gostoso de ler, uma vez que é bastante didático, no qual o autor levanta problemas e propõe soluções, sendo um prático instrumento de suma importância para acadêmicos, consultores, gestores organizacionais e outros profissionais que têm interesse nessa área.

Dividam comigo a alegria e o prazer desta leitura.

Ms. Marcio de Abreu Moreno
Consultor Organizacional
Coordenador e Professor Universitário

Sumário

Capítulo 1:
Metanoia – a nova maneira de enxergar
a realidade e a transformação 1

Capítulo 2:
Percepção – como transformar problemas
em grandes oportunidades 7

Capítulo 3:
Piloto Automático – desligue-o
e faça acontecer 19

Capítulo 4:
Intuição – a voz da inteligência
do coração 27

Capítulo 5:
Sono – somos do tamanho do nosso
"sono" 37

Capítulo 6:
Gestão pela Simplicidade – podemos ser
sofisticadamente simples 47

Capítulo 7:
Fazer por Merecer –
uma história 57

Bibliografia 113

Capítulo I

METANOIA – A NOVA MANEIRA DE ENXERGAR A REALIDADE E A TRANSFORMAÇÃO

Muito se falou, nos anos 1990, sobre mudança, a necessidade de estar atento a tudo que acontece à sua volta, a velocidade estonteante de tudo que estaria por vir, a revolução da globalização, a reinvenção do seu negócio, a satisfação e o encantamento do cliente, a terceirização das atividades de apoio, a nova concorrência posicionada na esquina do mundo, a nova saga da inovação, a tormenta da informação para o conhecimento, até mesmo receitando para reaprendermos tudo o que havíamos aprendido até o momento, exigindo um novo e completamente diferente posicionamento das organizações e, principalmente, dos profissionais. Mas, na realidade, muito pouco se praticou a mudança falada, quer seja nas empresas ou nas pessoas, a falácia foi preponderante, e os acontecimentos do dia-a-dia quase irrelevantes, na proporção preanunciada das necessidades de mudar.

A grande descoberta do novo século foi a confirmação que estava faltando fazer as coisas acontecerem, colocar a mão na massa para transformar em realidade útil todas as premunições anunciadas pelos estudiosos e gurus da atualidade. Foi assim que surgiu um novo conceito de mudança, com um significado mais profundo e palpável aos profissionais da nova era. A **Metanoia**, que, para explicar, iniciaremos com o dicionário *Houaiss* da língua portuguesa, significa:

> "*Mudança essencial de pensamento ou caráter; transformação espiritual; mudança de sentimento.*"

O autor Roberto Adami Tranjan conceitua como:

"*Uma nova maneira de enxergar a realidade e a transformação. É o processo de se livrar de entulhos, abrindo espaço para o novo.*"

Finalmente chegou a hora de efetivamente praticarmos a mudança, ou melhor, a metanóia. O mundo corporativo se tornou implacável na exigência e na adequação da aplicação desse novo conceito, sobre a premissa da "*sobrevivência*" do negócio, da sua carreira e do acompanhamento da "*velocidade*" dos acontecimentos. Sem sombra de dúvida, estamos vivendo um novo paradigma!

Nessa nova visão encontramos um comportamento milenar; os grandes entraves da prática da metanóia no dia-a-dia pelas pessoas, se trata da disposição para fazer acontecer, por muitas vezes referendada pela palavra "*resistência*" (obstáculo que uma coisa opõe a outra que atua sobre ela; luta em defesa de; oposição, obstáculo).

Uma frase de efeito muito utilizada nas palestras é: "As pessoas não resistem às mudanças, elas resistem a serem mudadas." Na prática, é comum enxergarmos esse efeito. Enquanto as mudanças são exigidas nas outras pessoas e nos outros setores, ficamos extremamente confortáveis, mas quando a metanóia exige uma transmutação pessoal e profissional, sentimos a dor e o medo de enfrentar a realidade, e como defesa aplicamos o comportamento da resistência, causando inconvenientes e transtornos, que por vezes nem sequer percebemos.

Infelizmente e geneticamente, está implícita no ser humano a tendência da acomodação, da manutenção do que é conhecido, do que é seguro, do que é habitual e do que está acostumado a ver e a fazer. Esse comportamento está embasado na própria evolução da história do homem. Como agregado, temos mais um componente contributivo para o comportamento da acomodação, vivido especialmente neste século. Trata-se da incontestável perturbação do "medo".

Medo de ir ao cinema, medo de andar de carro, caminhar na rua, de ficar em casa, de viajar, de ficar sozinho, e outros medos do nosso cotidiano.

Ao mesmo tempo, experimentamos medos imperceptíveis no ambiente profissional, com significativas consequências. O medo da recessão econômica, medo da política, medo da concorrência, do avanço tecnológico, das novas práticas de gestão, dos novos processos, de não agradar ao líder, de perder o emprego, muitas vezes até mesmo de sorrir no local de trabalho, entre outros.

1. METANOIA – A NOVA MANEIRA DE ENXERGAR A REALIDADE E A TRANSFORMAÇÃO

Não tenha dúvida de que é muito fácil falar para as pessoas vencerem o medo, mas não é tão tranquilo fazê-lo, por isso temos de desenvolver fortes mecanismos mentais para enxergar a realidade, livrando dos entulhos do medo e das resistências, abrindo espaço para o novo, para as conquistas, para a superação dos obstáculos, transformando os problemas em grandes oportunidades, não esperar que alguém faça isso por você ou navegue a sua vida. Está sob o seu comando e vontade essa transformação; está no acreditar que você pode fazer, que você tem potencial e habilidade de realizar tudo aquilo que deseja e merece.

Com as descobertas e projeções da ciência, já é possível estabelecer que viveremos mais de cem anos, com um certo grau de facilidade e recursos médicos para isso. Você está planejando a sua vida para esse tempo todo de existência? Você sabe o que vai fazer com o seu sucesso? Você já pensou o que irá fazer no meio do caminho da sua vida, com a juventude dos seus 50 anos de idade? Você já pesou como deverá pensar diferente daqui para a frente? Você está preparado para a transformação de sentimentos e a evolução espiritual da humanidade? Reflita sobre isso.

A única certeza que temos é que tudo muda o tempo todo no mundo, diz Lulu Santos, por isso é preciso se mexer e não ficar estagnado vendo as coisas acontecerem. É importante acompanhar a rapidez dos acontecimentos, é necessário se transformar todos os dias, sem a necessidade de jogar fora toda a experiência, conquistas, realizações e aprendizado que você adquiriu. Preserve os seus melhores momentos, as suas maiores histórias, o seu caráter, a sua humildade e a sua força de viver, e de viver feliz.

A partir de hoje, implemente a **Metanoia** em sua vida, faça de forma planejada, coloque no papel no mínimo dez objetivos e desejos que você quer realizar, fale para todo mundo, principalmente para os seus parentes e amigos nas festas de fim de ano, porque quando você fala para os outros, o compromisso fica mais relevante. Imagine chegar na festa do ano seguinte e a família e os amigos lhe perguntarem: quais as metas que você realizou esse ano, e você de boca cheia dizer: todas! Cem por cento atingidas. Que orgulho de você mesmo, que autorrealização. Mas se você perceber que até o papel em que havia escrito os seus objetivos se perdeu durante o ano, o que irá dizer?

Escolha uma pessoa para ser seu anjo da guarda. Deve ser uma pessoa muito próxima do seu relacionamento, em quem confie, e aceite críticas e opiniões, para ajudá-lo nessa empreitada. Entregue ao seu anjo da guarda uma cópia da lista de objetivos que você traçou para o futuro, e peça a essa pessoa que o ajude a encontrar o caminho, que o ilumine na hora da escuridão, que o inspire para não desistir, que puxe a sua orelha quando for necessário e que sempre o lembre dos compromissos que se propôs a cumprir. Mas o mais importante para receber esse apoio não está na pessoa escolhida, mas sim em você ter a capacidade de escutar. Muitas vezes, ouvimos o que as pessoas estão dizendo, isso porque ouvimos apenas com os ouvidos, muito diferente de escutar. Escutamos verdadeiramente quando tudo que está sendo dito é ouvido pelos ouvidos, pela mente, pelo coração e com a alma limpa e transparente.

Encare a realidade dos acontecimentos. À medida que o conhecimento se expande, todos nós ficamos um pouco mais ignorantes. A única certeza é que o que está mudando com maior velocidade é a própria mudança, e, para enfrentá-la, é preciso passar por fortes transmutações e ser um agente da resiliência, entendida como a capacidade de se adaptar a situações extremas de forma rápida e eficaz.

A pessoa resiliente é uma espécie de *"equilibrista de pratos do circo"*; ela deverá estar muito concentrada e consciente do que está fazendo para manter todos os pratos equilibrados. E se um deles cair, não poderá se abalar, será necessário continuar girando os demais pratos e prosseguir com sua apresentação, tornando-se um ator do seu destino, não se queixando quando algo dá errado. Deverá compreender as razões e identificar as causas do insucesso e reverter o quadro com uma postura proativa.

Como exemplo de velocidade de mudança e conhecimento, podemos citar o poder do processamento de dados na História. Em 1946, o primeiro computador digital no mundo podia fazer 14 operações por segundo. Hoje, um computador de última geração é capaz de processar 360 trilhões de operações por segundo, não existindo nada em 30 bilhões de anos que tenha mudado com tamanha rapidez. Por isso, você deve acreditar que é plenamente possível mudar, deverá ser necessariamente possível e, mudar para melhor, é claro.

É muito comum cairmos na tentação de enxergarmos o mundo como gostaríamos que ele fosse, e não como é. Devemos encarar a mudança com otimismo, como uma grande oportunidade, com a sabedoria do recomeçar e como um desafio a ser superado em todos os momentos.

A diversidade, inevitavelmente, estará presente em toda a nossa vida, por isso convido você a conviver sabiamente com o novo e as diferenças, fazendo da metanóia uma prática do seu dia a dia e um diferencial para o seu sucesso.

1. METANOIA – A NOVA MANEIRA DE ENXERGAR A REALIDADE E A TRANSFORMAÇÃO

Faça o teste do seu nível de metanoia e descubra se você é uma pessoa resiliente.

Responda às questões abaixo dando notas de 0 a 3 para cada pergunta, de acordo com os seguintes critérios:

0 = Discordo sempre
1 = Discordo na maioria das vezes
2 = Concordo na maioria das vezes
3 = Concordo sempre

Depois, some os pontos e confira o resultado do teste.

1. Eu consigo me recuperar depois de um desapontamento ou frustração ( )
2. Relaxo quando surge uma tensão ( )
3. Sou paciente e consigo ver o lado cômico das situações ( )
4. Posso facilmente afastar distrações quando preciso me concentrar ( )
5. Consigo identificar meus sentimentos e emoções em ambientes imprevisíveis ou emergenciais ( )
6. Quando tenho um problema, sei e tenho a quem recorrer, e o faço o mais breve possível ( )
7. Visualizo o futuro para poder reconhecer meu caminho e saber por onde e como vou andar ( )

Resultado:

- **0 a 10 pontos:** Você não é uma pessoa resiliente, e sua tolerância para enfrentar os problemas é quase zero;
- **11 a 13 pontos:** Você não é resiliente, mas tem condições de desenvolver essa habilidade;
- **14 a 16 pontos:** Você tem muitas virtudes relacionadas à resiliência, mas pode se tornar uma pessoa mais flexível;
- **17 a 21 pontos:** Parabéns; a resiliência faz parte do seu DNA.

Fonte: Entheusiasmos Consultoria em Talentos Humanos.

Dez dicas para você se tornar uma pessoa resiliente:

1. Em vez de se perguntar "por que isso acontece comigo?", procure se incluir e analisar a situação.
2. Crie significado para a sua realidade de vida. Ele lhe dará a esperança e projeção de um futuro melhor.
3. Procure conhecer a verdadeira dimensão dos problemas identificando suas causas. Os boatos só alimentam a tensão, o desespero e provocam seu desequilíbrio emocional.
4. Separe quem você é do que você faz, e tenha consciência do que é necessário fazer.
5. Tente visualizar seu futuro próximo e antecipar acontecimentos para fazer frente às transformações de cenário, preparando-se para o inesperado.
6. Não perca tempo com reclamações. Procure solucionar o problema, indo direto ao ponto.
7. Fique atento aos sentimentos e às necessidades de seu corpo. Ele lhe dá vários sinais, aprenda e ler e interpretar todos eles.
8. Para não se tornar uma pessoa rígida e inflexível, tenha a criatividade como parceira do seu dia a dia. Desligue o seu piloto automático.
9. Cultive e valorize seu poder de escolha. Mas faça inteligentemente as escolhas certas e no momento certo.
10. Encare e gerencie as adversidades como situações passageiras. Afinal, tudo em nossa vida é situacional, aprenda a conviver com isso.

Capítulo 2

PERCEPÇÃO – COMO TRANSFORMAR PROBLEMAS EM GRANDES OPORTUNIDADES

A dificuldade das pessoas de enfrentar os problemas é comum no nosso cotidiano. Infelizmente, grande parte delas se afunda diante de uma situação difícil e não resolvida, muitas vezes navegando no mar das reclamações e colocando a culpa em alguém ou em alguma coisa, acreditando fielmente que a situação está fora das suas possibilidades de solução. Pior ainda é quando criam o modelo mental de que o assunto é insolúvel.

É nesse momento que estamos perdendo grandes oportunidades e ganhos para a construção do nosso sucesso. As pessoas mais preparadas e dotadas de modelos mentais diligentes se tornam astros da realização. Conseguem enxergar as soluções com muita facilidade e simplicidade. Algumas histórias são fonte de inspiração para direcionar e exemplificar o caminho para sucessivas oportunidades.

Vamos iniciar com alguém que ganha nada menos do que 30 milhões de dólares por ano. Ele fez de um problema a sua receita de sucessivos êxitos. Estamos falando de Vinton Cerf (chamado de Vint – pai da rede mundial, a Internet). Assim como Samuel Morse, há quase 170 anos, criou um código de pontos e traços que levou o telégrafo a se tornar o maior meio de comunicação da sua época, Vint Cerf e seu colega Bob Kahn criaram, na década de 70, uma espécie de código Morse, que permite a troca de informações entre quaisquer tipos de computadores ou dispositivos digitais.

Tudo iniciou com o sentimento de *saudade e uma percepção extremamente aguçada*. Sua esposa, Sigrid Cerf, a qual conhecera por intermédio de um vendedor de aparelhos para audição, tinha deficiência auditiva, nascera surda. Estando Vint empenhado em um projeto acadêmico-militar, sem possibilidade de contato telefônico com sua querida esposa (ele também sofria de deficiência auditiva em menor grau), viu-se diante de um problema *para matar a saudade de sua amada*. Mas ele não se deixou abater. Utilizou sua capacidade inventiva e perceptiva, colocando um computador em sua residência, ligando-o em uma linha telefônica e criando esse tal de código *"Celf"*, que é conhecido entre os informatas como protocolo TCP/IP. Com isso, passou a se comunicar com Sigrid, introduzindo o primeiro sistema de correio eletrônico do mundo.

Há pouco mais de sete anos, em um bate-papo numa sala de *chat* da Internet, Sigrid tomou conhecimento de um implante de ouvido interno como uma nova tecnologia que poderia fazê-la ouvir. Tomou a decisão de fazer a cirurgia, e, ao sair do implante, telefonou imediatamente ao seu marido, e pela primeira vez em 35 anos pôde ouvir e falar com ele.

Com uma história semelhante, Vint também colheu frutos do seu próprio invento, tendo corrigido sua deficiência auditiva graças a um aparelho imperceptível no ouvido, localizado na Internet.

Um orgulho de Cerf é ter sido convidado pela Nasa para estender o protocolo da Internet nos projetos de missão a Marte, Saturno e Plutão, em 2010. Suas percepção e proatividade para fazer de um problema uma grande oportunidade superaram as distâncias do nosso planeta, atuando em lugares desconhecidos pelo homem e pela ciência.

JEFFERSON LEONARDO

2. PERCEPÇÃO – COMO TRANSFORMAR PROBLEMAS EM GRANDES OPORTUNIDADES

É fácil julgar uma pessoa bem-sucedida quando observamos seu patrimônio, suas conquistas e, principalmente, sua visibilidade no seu meio de atuação. Escutamos seguidamente que o fulano de tal teve sorte, que nasceu em berço de ouro e que Deus o ajudou o tempo todo para ele ter e ser tudo o que é, mas não perguntamos e sequer imaginamos que aquela pessoa bem-sucedida um dia não tinha nada, aliás só tinha problemas, mas ela venceu e transformou os seus problemas em verdadeiras oportunidades, com muita transpiração e inspiração.

Quando se fala de Walt Disney, percebemos logo um conceito de grandeza e de vitória, mas não sabemos direito a sua trajetória. Ele foi demitido no seu primeiro emprego, sob a alegação de não ser criativo e de não saber lidar com as novas ideias. Sim, essas foram as causas que o líder dele alegou na época para dispensá-lo.

Valem as perguntas: Você conhece o resultado de Walt Disney? Você conhece alguma coisa do líder dele? Pelo menos o seu nome? Sabe quantos parques temáticos havia na época em que Disney foi demitido? Sabe se havia espaço para a indústria do cinema? Você acha que o mercado acreditava em desenho animado? Será que era comum na época desenvolver desenho animado em equipe?

Pense sobre as suas respostas e como você está agindo!

Walt Disney foi um visionário. Falando assim você acharia que foi tudo muito fácil, basta ter boas ideias e tudo bem. Mas não é assim, é necessário ter a coragem de enfrentar os problemas e aproveitar a oportunidade que está intrínseca.

A Disney foi à falência por diversas vezes, porque não conseguia fazer seus empreendimentos decolarem. Walt ficou com o pires na mão, pedindo dinheiro para muita gente para poder sair das dificuldades. O mais surpreendente é que Disney ouviu o conselho de sua mulher, Lillian, e chamou seu desenho de ratinho de Mickey, em vez de Mortimer. A partir daí, a indústria de entretenimento nunca mais foi a mesma; ele conseguiu realmente superar suas dificuldades e transformá-las em um grande e inovador negócio de alegria para adultos e principalmente crianças.

As oportunidades normalmente não estão visíveis, elas são ocultas para o olhar dos despreparados e menos avisados. É preciso acurar a percepção e até mesmo sentir o momento em que uma oportunidade está surgindo.

Willis Carrier foi um dos homens que souberam sentir e valorizar seus conhecimentos, esmerando-se em resolver um problema, oportunizou uma mudança positiva no conforto e estilo de vida. Em 1902, inventou um sistema mecânico de condicionamento de ar, e, com isso, foi o precursor de toda a indústria da climatização e controle do conforto ambiental.

O primeiro local público a ter um sistema de ar-condicionado foi o Grauman's Metropolitan Theatre, em Los Angeles, seguido da indústria cinematográfica, que se beneficiou com o aumento da arrecadação das bilheterias: quanto mais conforto, mais público nas salas de cinema.

A invenção de Carrier foi uma resposta aos problemas enfrentados em uma indústria gráfica nova-iorquina, Sackett-Wilhelms Lithography and Publishing Co., que tinha seu trabalho prejudicado durante o verão, estação em que o papel absorve a umidade do ar e se dilata.

2. PERCEPÇÃO – COMO TRANSFORMAR PROBLEMAS EM GRANDES OPORTUNIDADES

As cores impressas em dias úmidos não se alinhavam nem se fixavam com as cores impressas em dias mais secos, o que gerava imagens borradas e obscuras.

Carrier teorizou que poderia retirar a umidade da fábrica pelo resfriamento do ar; desenhou uma máquina que fazia circular o ar por dutos artificialmente resfriados, processando e controlando a temperatura e a umidade do ambiente.

Durante séculos, o homem tentou livrar-se do calor utilizando ventiladores, gelo e vários outros métodos em tentativas inúteis. Mas foi em 1902 que um engenheiro, formado pela Universidade de Cornell, colocou sua genialidade e percepção à prova, inventando o primeiro processo mecânico para condicionar e controlar o clima em ambientes fechados, solucionando um velho e grande problema do conforto humano.

É evidente que as histórias anteriormente mencionadas são inspiradoras, nos comprovam que realmente é possível transformar nossos problemas em verdadeiras oportunidades, mas também é essencial fundamentarmos o que chamo de *"Era Matrix"*. Vivemos em um mundo de percepções em diversas dimensões, que por vezes fica complicado distinguir o real do virtual.

A nossa percepção não identifica exatamente o mundo como ele é na realidade. O ser humano reconhece a realidade através das transformações efetuadas pelos nossos cinco sentidos: audição, visão, tato, olfato e paladar, pelos quais experimentamos tudo o que acontece em nossa volta, em um contínuo processo de avaliação perceptiva.

Esse processo está dividido em três fases: atenção, organização e recordação. Assim é que transformamos fótons em imagens, vibrações em sons e reações químicas em cheiros e gostos específicos. Na verdade, o universo é incolor, inodoro, insípido e silencioso. A percepção existe pela existência do ser humano. Que coisa maluca, mas pense nisso!

A maioria de nós confia demasiadamente em nossos sentidos, nos cegando e nos fazendo acreditar que as nossas percepções são um reflexo perfeito da realidade, reagindo de acordo com o que percebemos. Mas será essa percepção a incontestável realidade?

Vamos exercitar sua percepção com as imagens a seguir.

Aqueça o seu cérebro, fique atento e analise bem o desenho, respondendo à simples pergunta:

Quantas árvores estão sendo cortadas?

Não desista, tente novamente e não engane a você mesmo, lendo a resposta no texto a seguir.

Nossa tendência perceptiva responderá de imediato: são duas árvores que estão sendo cortadas na figura. Uma com o pica-pau e a outra com o lenhador. Exatamente errado! Este é um dos nossos vícios do dia-a-dia: vemos o problema, e quase que imediatamente, sem prévia análise, damos a resposta, perdendo a oportunidade de destacar e mostrar o nosso potencial para vencer.

Vamos observar e perceber com cuidado a figura acima. Olhe para a árvore que o lenhador está cortando e siga a linha, do lado do machado, até o topo e verá que na verdade trata-se de outra árvore.

Vamos fazer o mesmo com o pica-pau; olhe para o lado da árvore que o pássaro está bicando e siga esse mesmo lado até a sua raiz, e verá que também se trata de outra árvore.

Uma possível conclusão é que nenhuma árvore está sendo cortada, e que fomos enganados por uma percepção com ilusão.

JEFFERSON LEONARDO

2. PERCEPÇÃO – COMO TRANSFORMAR PROBLEMAS EM GRANDES OPORTUNIDADES

Vamos correlacionar com a nossa atuação no trabalho, quando estamos diante de uma situação que deveria ser analisada, antes de dar uma solução. Infelizmente, o procedimento se assemelha ao exercício da figura. Anunciamos diversas vezes soluções para assuntos que não analisamos corretamente e não verificamos o problema por completo, ou seja, uma análise criteriosa de cima abaixo, antes de responder ou dar uma solução ao problema.

As empresas investem, e devem continuar investindo, em ferramentas de análise e solução de problemas, incrementadas e aplicadas com a introdução das metodologias para a Qualidade Total, mas não podem esquecer que as ferramentas são aplicadas pelas pessoas, sendo importante capacitá-las e conscientizá-las de que: para decidir sobre uma solução possível de um determinado problema, deverá haver o aprendizado e a disciplina do processo de análise e usar corretamente a percepção, para identificar a realidade/causa do problema. Não caia nessa; no mínimo, pense antes de dar uma resposta!

Uma nova ciência está sendo ampliada em estudos e pesquisas, a neurociência. No conceito da neurociência, descoberto por Weber e Fechner, a percepção nasce com a identificação do sistema sensorial, extraindo quatro atributos básicos de um estímulo: modalidade, intensidade, tempo e localização.

As percepções diferem qualitativamente, o cérebro extrai as informações e as interpreta em função das experiências anteriores, fazendo associações. As pessoas são diferentes umas das outras, com variadas experiências de vida, por isso é importante sabermos administrar as diferenças, entendendo que a construção de oportunidades também pode ser desenvolvida pelas diferenças das pessoas.

Vamos aproveitar e fazer mais um teste de percepção perguntando: O que você está vendo na figura abaixo?

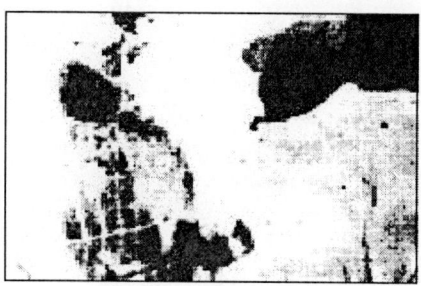

JEFFERSON LEONARDO

Se estiver vendo apenas um borrão, tipo chapa dos pulmões, deverá se concentrar mais e fechar os olhos por alguns segundos, tentando interpretar novamente quando abrir os olhos. Se mesmo assim você continua enxergando um borrão e não consegue identificar o que se trata, dê uma revisada no seu lado direito do cérebro (trata-se do lado da criatividade, da fantasia e da criança livre). É sinal de que você está circulando muito no seu lado lógico e racional (lado esquerdo do cérebro), é preciso se divertir mais, passear mais, fazer mais coisas das quais gosta realmente. Aceite a receita e vá em frente!

Se você observar bem, e deixar a sua percepção trabalhar naturalmente, enxergará uma *"vaca"*. Se ainda não estiver vendo, mesmo sabendo agora o que está na imagem, provavelmente deverá estar pensando que o autor está completamente louco, não é? Às vezes, não conseguimos perceber as oportunidades que o mundo, o momento e as pessoas estão nos oferecendo. É assim mesmo, por isso é muito importante você praticar a sua humildade e saber pedir ajuda às pessoas. Vou fazer a minha parte, mostrando-lhe algumas setas e informações adicionais, com o objetivo de fazê-lo enxergar a tal da vaca.

Veja a próxima figura:

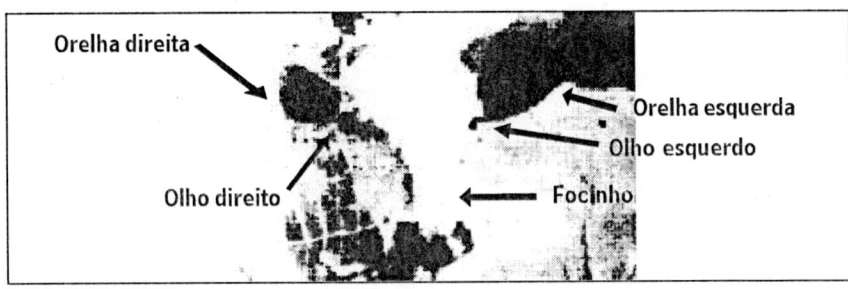

Com certeza, agora você está vendo a vaca e entendendo o quanto as pessoas podem nos ajudar a encontrar a solução dos nossos problemas, fazendo-nos enxergar aquilo que a nossa percepção não conseguiu sozinha.

Levando para o nosso trabalho, podemos concluir que diversas vezes deixamos a oportunidade passar, por falta de concentração, por falta de humildade em pedir ajuda e até mesmo por nossas limitações. O mundo empresarial não perdoa mais as pessoas com limitações para exercer a sua função. Temos de procurar apurar e aguçar nossa percepção, ficar alerta para não cairmos nas armadilhas da presunção, achando que reconhecemos a realidade plena de tudo; isso poderá nos causar alguma dor.

Tanto você como as empresas devem tomar um pouco de cuidado com os modismos apresentados pelos gurus do mercado. Para exemplificar o que desejo explicar, vamos aproveitar a mesma figura da vaca, para trabalharmos um tema que anda na moda, a necessidade que temos de reaprender tudo. Vou pedir-lhe para fazer um esforço mental e atender plenamente ao meu pedido:

> *Você deverá reaprender o que acabou de aprender. Peço-lhe total concentração, fechando os olhos por cinco segundos, e ao abrí-lo olhe para a primeira figura da vaca sem as indicações, e por favor não mais enxergue a vaca.*

Você deve estar me chamando de maluco novamente. É claro que você não consegue deixar de enxergar a vaca, esse aprendizado ficou gravado em seu cérebro, por isso fica impossível reaprender esquecendo o que acabou de aprender, e acontece o mesmo com o que você aprendeu ao longo de toda a sua vida. A mensagem merece uma reflexão: não apague o que você aprendeu até agora, ao contrário, tente utilizar esse aprendizado o máximo e o mais rápido possível, mas tenha a percepção de que você deve aprender coisas novas, e até mesmo analisar sobre as coisas velhas diante dos novos problemas. Geralmente, a solução de um problema está na arte de conciliar as associações do que você conhece com o que você percebe. Pratique!

Recebemos diariamente, pelos cinco sentidos, um bombardeio de informações, havendo naturalmente um filtro do que fica ou sai do nosso cérebro, chamado de *fase de atenção* no processo da percepção. Toda informação que for ignorada não figurará em sua decisão, havendo a possibilidade de você estar perdendo uma grande oportunidade, por ter apagado erroneamente a informação. A fase de atenção é muito importante, porque é ela que irá dirigir o que você deve reter ou eliminar, e essa decisão traçará o seu destino. Fique atento!

A percepção dos seres humanos processa alguns pacotes de informações por vez, e é na fase da organização que o cérebro cria métodos simplificados de organizar os dados sensoriais alcançados. O método é muito semelhante aos compactadores de arquivos de computador, hoje amplamente utilizados para reduzir o tamanho dos arquivos, deixando-os mais leves para transferi-los.

O mesmo método é utilizado pelo cérebro. Ele amassa vários pedaços de informações em um único arquivo, facilitando o processamento e o arquivamento.

Vamos analisar, por um instante, a nossa capacidade de armazenamento. Se fosse pedido para você memorizar uma série alternada de 40 números neste momento, provavelmente acharia um pouco complicado, certo?

Vamos analisar um pouco mais esse assunto, fazendo uma constatação comum a todos nos dias atuais. Você guarda muitos números em sua memória e nem se dá conta disso, basta imaginar a série de números alternados que poderia escrever de cor, por exemplo: os números do seu telefone de casa, do escritório e do seu celular, os números do seu documento de identidade, CPF, habilitação e também outros, como da sua residência, do endereço profissional, da placa do seu automóvel, do código postal, das datas de aniversário, altura e peso. Com certeza, se somarmos todos eles, teremos um total maior do que os 40 números que achamos difícil no início.

Você se deu conta disso?

Observe que no armazenamento de todos os números que citamos eles foram arrumados em blocos amassados em pequenos grupos de 6, 3, 4, etc., todos eles foram arrumados mentalmente, confirmando que usamos o processo de amassamento de forma muito eficiente. O processo de amassamento é utilizado na composição da percepção de diversos fatores, como: comportamentos, atitudes, mudanças, inovações, regras, acontecimentos, habilidades e todo tipo de característica de uma pessoa e de eventos que ocorrem em nossas vidas.

Perceber através da atenção e organizar todas as informações para encontrar oportunidades não é fácil, por isso as pessoas diferenciadas usam a arte da observação. Pratique todos os dias, é a minha recomendação!

Vimos a primeira *fase*, a *da atenção*, seguida da *fase da organização*, e agora veremos a última, e não menos importante, a *fase da recordação*. Muitas informações se perdem na memória e no processo de recuperação, gerando dificuldades na tomada de decisão pela percepção. Uma das coisas curiosas do nosso cérebro está na recuperação de temas e pensamentos desconfortáveis ao ser humano, como: morte, doença e desastres. É muito comum as pessoas superestimarem as mortes provocadas por acontecimentos sujeitos a imaginação intensa, como os desastres aéreos, e subestimarem as mortes provocadas por doenças cardiológicas, por exemplo.

Na prática, isso significa que os acontecimentos trágicos são facilmente lembrados, ajudados pelos noticiários dos jornais em todo o país. Mas, por outro lado, as mortes provocadas por doenças ficam reservadas na lembrança e, por isso, criando diversos bloqueios, para serem recordadas e principalmente cuidadas de forma preventiva. Pontuando a fase da recordação para as possibilidades de transformar os problemas em grandes oportunidades, podemos referendar que, naturalmente o ser humano quando se encontra em uma dificuldade ou em uma situação desconfortável, gerando problemas para a sua vida, não se tratando de uma catástrofe, estará mais propenso a deixar o assunto na forma reservada em seu cérebro, criando dificuldades para enfrentá-las e atuar preventivamente, minimizando as possibilidades de transformar seus problemas em oportunidades. Não deixe que isso aconteça com você!

Cuidado, recordar é preciso, e enfrentar a situação é essencial para criar oportunidades que a maioria não consegue perceber. Alguns procedimentos podem ser praticados para reduzir os problemas de percepção. Veja as recomendações:

1. Melhore constantemente a sua acuracidade, aumentando a frequência de observações e informações, selecionando com atenção aquilo que precisa ser observado e analisado.

2. Utilize a discrição no ato da observação e garanta a representatividade das informações, evitando a cilada da percepção por amostragem, aleatoriedade ou apenas por um determinado momento e pequeno grupo de assuntos. A observação deverá tratar da realidade, constatada por processos que certifiquem a informação correta para a tomada de decisão.

3. Melhore a precisão das percepções, obtendo observações de diferentes pessoas e de diferentes perspectivas, particularmente valiosa quando se trata de autopercepção.

4. Considere sempre que o observador tem a tendência de ignorar informações incompatíveis com as suas expectativas. Pratique a abertura sobre as críticas recebidas, e reflita sobre as informações convergentes e divergentes que você detectou em comparação às suas convicções.

5. Busque analisar com cuidado as percepções antecipadas e informações dirigidas por paradigmas, estereótipos e preconceitos da sociedade, dos amigos e os seus próprios.

6. Aumente a sua exposição e participação em grupos sociais diferentes e a temas desconhecidos, desenvolvendo e assimilando informações diferentes o máximo possível.

O tema percepção está no campo da intangibilidade, não se pode tocar, apalpar ou comprar, ela se aprimora com a prática da acuracidade e com o hábito da observação. Por isso, fique alerta o tempo todo, e faça dos inevitáveis problemas de sua vida uma grande oportunidade, transformando-os em sucessos e autorrealização. Isso depende somente de você!

Capítulo 3

PILOTO AUTOMÁTICO – DESLIGUE-O E FAÇA ACONTECER

A palavra *"piloto"* está intimamente ligada à ação de guiar a direção de uma realização por um caminho, nos mais diversos meios de locomoção, mas aqui trataremos como um guia da mente do ser profissional, em reduzida dimensão. A abordagem de *"Automaticidade"* está derivada em movimentos que funcionam por si mesmos e que acontecem sem o concurso da nossa vontade, são as ações e realizações inconscientes de cada um. Portanto, vamos entender como *Piloto Automático* as ações inconscientes, guiadas pela mente, independentemente da nossa vontade.

Vamos logo para a prática e fazer acontecer essa explicação, para você compreender o funcionamento do *Piloto Automático* que existe dentro de cada um de nós. Fazemos algumas coisas e não percebemos o que exatamente estamos fazendo, e, pior, achamos que o que está sendo feito está inconscientemente certo.

A partir deste momento, você será submetido a uma bateria de testes, o que chamo de *"pegadinhas do Jeffão"*. Aproveite a oportunidade, não tenha medo de errar, seja espontâneo, libere a criança criativa que nunca o deixou, está apenas adormecida.

Responda-me, em voz alta e rápido, às seguintes perguntas:

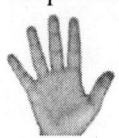
1. Quantos dedos eu tenho em uma mão?

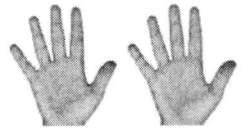

2. Quantos dedos eu tenho em duas mãos?

3. Quantos dedos eu tenho em dez mãos?

4. Quantos dedos eu tenho em 20 mãos? 30 mãos? e por último em 40 mãos?

Sua resposta foi 5, 10, 100, 200, 300 e 400 dedos.

Se foi, você ligou o seu piloto automático, não levou mais do que três segundos para esse ato. Será que você está levando a sua vida, a sua carreira, o seu dia-a-dia desse jeito?

Vamos desligar o piloto automático agora e fazer as contas pensando lógica e conscientemente.

1. Quantos dedos eu tenho em uma mão? **5 dedos!**
2. Quantos dedos eu tenho em duas mãos? **10 dedos!**
3. Quantos dedos eu tenho em dez mãos? **50 dedos!** (10 mãos × 5 dedos = 50 dedos)!!!
4. Quantos dedos eu tenho em 20 mãos? **100 dedos!** trinta mãos? **150 dedos!** em 40 mãos? **200 dedos!**

Como você pode errar uma continha pequena como essa? A nossa mente está cheia de hábitos inconscientes. Fazemos a conta de 10 mãos × 10 dedos de forma automática, resultando na resposta de 100 dedos. Essa automaticidade que carregamos no inconsciente muitas vezes nos prejudica, e deixamos de fazer as coisas certas em nossa vida.

A vida é um hábito: respirar é um hábito, dormir é um hábito, comer é um hábito, somos e vivemos em uma sucessão de hábitos. O pensamento do humano é concordante com as suas inclinações, discursos e opiniões, mas as suas ações são resultado de tudo aquilo a que está acostumado.

Corriqueiramente, vemos o costume sobrepujar aos discursos, declarações e promessas das pessoas. As pessoas prometem mudar e fazer diferente isso e aquilo, mas facilmente, e muitas vezes sem perceber, elas estão procedendo como faziam antes, movidas pela roda do costume.

Narrando dessa forma, pode dar a impressão de que os costumes e hábitos são coisas ruins. Não são. Temos que lembrar que as pessoas bem-sucedidas e vitoriosas promovem a obtenção de bons costumes, e o mais certo é que o hábito desses bons costumes se dá na juventude, e isso se chama "educação", que simploriamente podemos classificar de um costume precoce, observando que quanto mais tempo de vida tem a pessoa, maior a dificuldade de adquirir novos costumes.

Com a experiência anterior, vamos praticar a segunda "pegadinha". Desligue de verdade o seu piloto automático e deixe a criatividade aflorar.

Dentro de caixas estará uma inscrição ou desenho. Você deverá identificar e traduzir, de forma criativa, a frase e/ou a mensagem da caixa.

Exemplo:

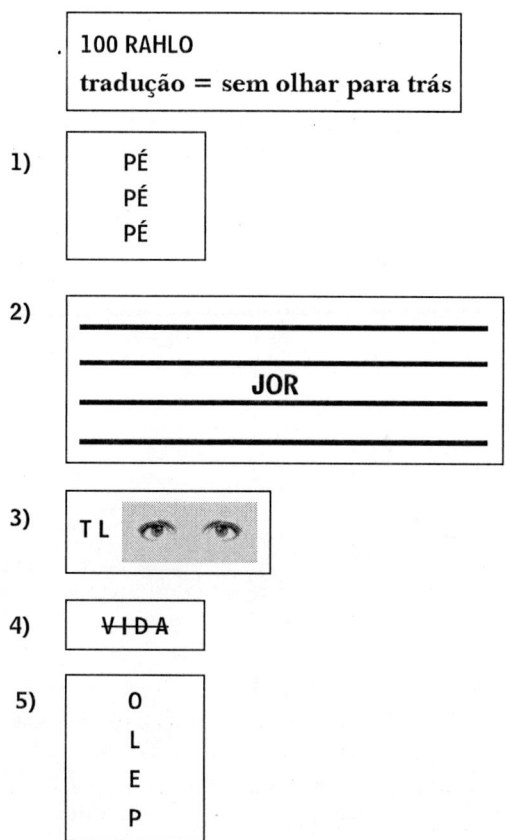

6) |  DOR |

7) | COR / AÇÃO |

Você deve ter acertado várias das "pegadinhas", então vamos ver qual o seu índice de acertos com as respostas abaixo:
1) Tripé.
2) Jornalista.
3) Televisão.
4) Risco de Vida.
5) Pelo Contrário.
6) Entrevistador.
7) Coração Partido.

O nosso piloto automático fica menos intenso quando somos provocados a usar o nosso cérebro, e ficamos mais seguros quando temos um exemplo a ser seguido. Isso aconteceu com a primeira "pegadinha" (sem olhar para trás); as demais apenas exigiram um pouco de atenção e raciocínio, certo?

O hábito nos torna cegos e indiferentes para as descobertas, tornando-nos escravos dos costumes, suprimindo nossa criatividade e novas visões de tudo e de todos. Aproveito a oportunidade para fazer uma reflexão com você. Pense comigo: como está neste momento o seu gesto usual de beijar a sua esposa (ou esposo), seu filho (ou filha), seus pais? Como está a sua oração diária? Esses atos estão mecânicos? São simplesmente gestos habituais, sem emoções, sem alma? Você está realmente orando ou recitando a oração? Pense nisso, e lembre-se: ainda há tempo de você reverter!

A inércia de fazer acontecer é forte contribuinte do hábito. Por inércia, prefere-se repetir os atos e pensamentos dos outros e, com isso, copiar até mesmo os maus exemplos de outras pessoas, limitando a criatividade e a constituição de vontade e pensamentos próprios.

Arrisco a conceituar que o hábito nada mais é do que sucessivos atos da preguiça e do comodismo do ser humano. A pessoa que não perceber a transição do mundo que estamos vivendo estará fadada ao insucesso pessoal, profissional, emocional e espiritual. Faça um mapeamento dos seus atos, comparando-os com o nível de preguiça e acomodação que você está praticando, para refazer os seus objetivos, fazendo acontecer coisas diferentes para ampliar os seus limites.

3. Piloto Automático – Desligue-o e Faça Acontecer

Para exercitar o piloto automático em relação aos limites de pensar e solucionar do ser humano, vou desafiá-la(o) a mais uma "pegadinha". É muito simples, tão simples que muitas vezes não enxergamos a solução, pela tendência de querermos complicar um pouco as nossas respostas.

Desenhamos nove bolinhas, dispostas no formato de um quadrado. O desafio é muito simples: você deverá unir as nove bolinhas, sem tirar o lápis do papel, com apenas quatro *linhas retas*. Tente achar a solução sem olhar a resposta, não seja acomodado!

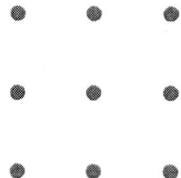

Não tenha preguiça de tentar, tente várias vezes, até descobrir uma forma, rabisque para cima, para baixo, mas lembre que se você riscar uma reta e riscar novamente sobre a mesma linha, deverá ser contado como duas linhas, faltando apenas mais duas retas para dar a solução da "pegadinha".

O hábito pode ser positivo; desde que seja usado como fator de persistência, ele é um grande regulador da sensibilidade, do aperfeiçoamento e do treinamento. O hábito determina a continuidade dos nossos atos, existindo sensações de prazer, de dor e de fadiga pelo esforço, mas é preciso adquirir algo mais do que o hábito positivo, temos de adquirir uma crença e uma convicção para fazer as coisas acontecerem.

Devemos buscar a crença da superação dos limites, enxergando os espaços adicionais que a vida nos oferece, mais ainda, utilizando esse espaço para criar soluções ilimitadas. A resposta da nossa "pegadinha" do limite é simples, basta aproveitar melhor o espaço que temos de sobra. Veja:

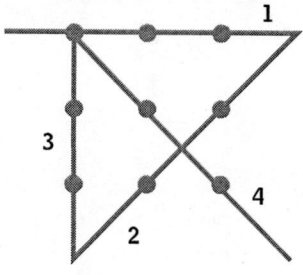

Observe que há uma tendência de solucionar em cima de uma convenção, que é o quadrado, mas ao olharmos além dos limites do quadrado, o que nada impedia, podemos criar ângulo para unir as nove bolinhas com apenas quatro linhas retas.

Esse é o diferencial de uma pessoa que consegue desligar o seu piloto automático quando a situação exige, quando o mercado exige e quando a carreira exige. Vamos trabalhar com as vogais, na próxima "pegadinha".

Escreva, no quadro abaixo, as vogais a – e – i – o – u, minúsculas com um ponto em cima.

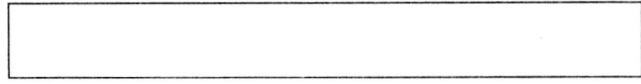

O ato de escrever se torna, ao longo do tempo, um hábito automático, e a nossa mente desenvolve qualquer escrita quase sem pensar. O treino, desde o primeiro dia da sua alfabetização, conjugou o verbo da repetição, e essa repetição causou acomodação e preguiça de pensar, por isso, muito provavelmente, você tenha escrito assim:

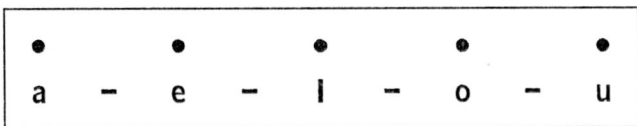

Como o "i" já vem com um pingo, seu cérebro registrou, automaticamente, que não haveria a necessidade de colocar um pingo onde já existe, correto? Mas o que a "pegadinha" pedia era para colocar um pingo em todas as vogais, sendo assim o "i" deverá ter dois pingos:

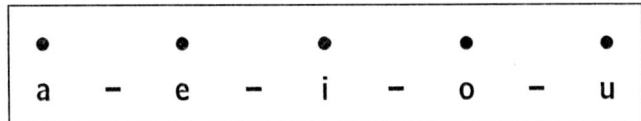

Com essa simplicidade é que chamamos a sua atenção para o uso do piloto automático que existe em você. Reflita sobre como está o seu piloto, quantas vezes ele é acionado, quanto tempo ele fica ligado, porque dependendo da resposta, você poderá estar perdendo a oportunidade de fazer acontecer.

Roberto Romano diz: "Somos conhecidos pelo que fizemos, o sucesso não é um destino, é sim uma viagem de excelência, com muitos choques de oportunidades, difícil de se evitar. Sem brigar, discordar, dialogar, sem impor, ninguém chega a lugar algum".

Capítulo 4

INTUIÇÃO – A VOZ DA INTELIGÊNCIA DO CORAÇÃO

De repente você escuta algo, olha e procura alguém em sua volta e não vê ninguém, procura entender de onde vem aquele som. Você fica meio confuso, achando que é da sua mente, talvez do seu coração ou até mesmo da sua alma, mas a sensação é nítida e cristalina de que você deve ou não deve fazer aquilo que está sendo tratado, ou agir daquela ou da outra maneira. Muitas vezes, essa sensação ocorre mesmo quando o tema não está em pauta, aliás, você está fazendo coisas completamente distantes do *insight* que surgiu repentinamente.

Mais um termo pinçado do inglês, *insight* é o discernimento, a compreensão clara da natureza íntima de uma coisa, que ilumina uma difícil tomada de decisão, fazendo parte de uma manifestação da sua intuição. Se você aprender a lidar com essa nova inteligência, ela poderá facilitar a sua vida.

Não é preciso mistificar a intuição, achando que são poderes sobrenaturais, mágicos, mediúnicos ou um dom que nascemos com ou sem ele. Trata-se apenas de mais uma capacidade humana. A palavra intuição vem do latim *"intueri"*, que significa ver por dentro, perceber de forma clara, direta e imediata uma verdade, ato ou capacidade de pressentir. A intuição sempre intrigou os pensadores gregos, que entre 428 e 347 a.C. afirmavam a existência de três formas de conhecimento: crença, opinião e raciocínio. Já no século XX, o psiquiatra suíço Carl Gustav Jung apontava quatro atividades mentais: sentimento, pensamento, sensação e intuição. Para ele, a intuição é a capacidade interior de perceber possibilidades.

Dentro dessa linha de pensamento, *"perceber oportunidades"*, podemos visualizar a possibilidade da intuição como uma ferramenta da antecipação. No mundo competitivo em que vivemos é muito importante sabermos antever e antecipar os acontecimentos, é uma questão de sobrevivência. Devemos criar mecanismos para antecipar as tendências de mercado, antecipar os desejos dos consumidores, antecipar-nos aos problemas e à concorrência, e se pensarmos um pouco na prática desse processo concluiremos que estamos falando da necessidade de planejar e de decidir as estratégias para a vitória.

Vencer também é uma questão de antecipação e intuição. Vence quem chega primeiro. Numa corrida, numa negociação ou no fechamento de um contrato, vence quem se antecipa.

Se eu perguntar:

1. Quem foi o primeiro homem a pisar na lua? Quem se lembra do segundo?
2. Quem iluminou pela primeira vez com um modelo elétrico? Quem foi o segundo a iluminar?

Provavelmente você não lembrou de nenhuma segunda celebridade, certo? Vencer e ter sucesso na vida depende do nível que você utiliza a sua intuição antecipativa, para alcançar resultados antes dos outros e da concorrência. Você deverá vencer os desafios, solucionar os problemas e superar seus limites, lançando novos produtos ou serviços, para conquistar antes o seu público-alvo ou os seus objetivos.

Quantas vezes você já disse ou ouviu dizer: "Estava na cara, no meu nariz, por que eu não vi antes?" Um ditado popular diz que: "Uma oportunidade é um acidente que acontece para uma mente preparada." Por isso, use a sua intuição como uma habilidade do seu dia a dia e faça a escolha certa.

Escolher a melhor alternativa e tomar a melhor decisão requerem cuidados além da intuição. Deve haver critérios de seleção e o uso da sua inteligência (em latim *"Inter"* (entre) + *"Elliger"* – eleger, escolher) racional. Alguns critérios tradicionais não podem ser esquecidos: menor custo, menos tempo de implantação, menos esforço para produzir, mais fácil aceitação do mercado, maior abrangência, conformidade com as leis vigentes, expectativa de retorno, satisfação do cliente, valorização do colaborador, ética e ecologia, etc. Mas se você achar, sem saber por que, que a ideia não vai dar certo, leve em conta o seu palpite e a voz interior que está falando, mas se você intuir que irá dar certo, vá em frente, implante, faça e aconteça.

4. INTUIÇÃO – A VOZ DA INTELIGÊNCIA DO CORAÇÃO

Estudos e cientistas revelam que as soluções de problemas e os *insights* são obtidos após a liberação dos temas para o subconsciente, dando espaço para o trabalho e a função intuitiva da mente. Thomas Alva Edison costumava tirar uns cochilos enquanto trabalhava numa invenção, e principalmente quando se sentia travado e impotente após um grande esforço e dedicação; ele deitava num sofá e adormecia. Edison dizia que, ao acordar, recebia sempre novas possibilidades e algum esclarecimento sobre o seu problema.

A nossa intuição, sem percebermos, é acionada para assuntos do nosso cotidiano, dos temas menos importantes, até os de maior profundidade e relevância. A intuição é a soma dos conhecimentos próprios adquiridos ao longo das experiências vivenciadas e pertencentes ao seu universo. A intuição acontece espontaneamente, em um único momento no qual a mente recorda e reúne rapidamente uma gama de conhecimentos e passa para uma conclusão súbita, condensando anos de experiência e de aprendizado num clarão instantâneo, sem que alguém lhe transmita qualquer informação.

Não podemos confundir e misturar as diferenças entre intuição, *insight*, pressentimento e presságio:

- **Intuição**, para Jung, é a capacidade de prever possibilidades.
- **Insight** é a forma pela qual a intuição é revelada e repentinamente tomada pela consciência.
- **Pressentimento** é a impressão ou o sentimento de que um fato irá ocorrer.
- **Presságio** é uma suposição de que ocorrerá um fato, comumente chamado de sinal.

Exatamente como ler, ver, ouvir, etc., a intuição pode ser estimulada, como um pintor apura a geometria e as cores para o seu quadro, como um músico refina sua audição para distinguir as notas e tons musicais. Assim como o músico ao iniciar o seu aprendizado não consegue diferenciar a escala musical, o iniciante no aprendizado do uso da intuição poderá confundir os sinais, interpretando-os errado e tomando as decisões incoerentes. Mas a sua intuição pode ser educada e estimulada; com isso, você poderá agilizar e facilitar as suas decisões com menos esforço.

O formato convencional e a estruturação da educação formal auxiliam o bloqueio e a manifestação da intuição e a subjetividade das pessoas; o processo está alicerçado em uma autoridade, transmitindo o saber, valorizando muito mais a parte racional, lógica e objetiva.

Não se trata de serem duas partes totalmente opostas, a ponto de pensarmos que o vitorioso se utiliza somente da inteligência intuitiva, mas sim que ambas as partes são necessárias e se complementam. O que devemos evitar, a qualquer custo, é o bloqueio da intuição e da criatividade, requisitos fundamentais exigidos nas grandes corporações. Algumas práticas que podem ajudá-lo no processo e na educação da sua intuição são:

1. Leia, aprenda, alimente sua curiosidade constantemente. Tente aprender e fazer uma coisa diferente por ano, mas tem de ser diferente da sua área de atuação, diversificando o seu conhecimento.

2. Conheça-se a você mesmo, identifique seu potencial, reafirme suas superações e intensifique seus pontos de melhoria. Pratique meditação e tenha mais contato com a natureza.

3. Aprenda a qualificar e considerar suas sensações, emoções, sentimentos e pensamentos. Quanto maior a percepção e contato com o que você sente, mais fácil fica ouvir sua intuição.

4. Dê asas à sua imaginação, estimulando a sua criatividade pela observação e expressão artística. Ouça música e perceba as emoções que ela nos provoca; aprenda a cantar, vá a museus e exposições e comece a pintar ou esculpir; assista a peças teatrais e depois faça cursos de teatro e interprete uma peça. Desbloqueie sua intuição, aprenda a tocar um instrumento musical; você ainda não conhece o potencial que existe dentro de você.

5. Compreenda que, para chegar na sua intuição, o caminho está carregado de filtros concebidos ao longo da sua vida (pressupostos culturais, preconceitos, falsas premissas, valores, princípios, conduta, etc.); que muitas vezes esses pensamentos intuitivos passam dificuldades para chegar inteiros até você, chegando algumas vezes em pequenos pedaços.

6. Esteja sempre aberto às novidades e inovações. Assim, sua intuição terá um caminho fluido e sem grandes filtros pela sua consciência.

7. Resista à ostentação, à vaidade e ao medo de errar e de ser criticado. Lembre-se: o erro está sendo valorizado nas empresas, desde que você esteja tentando acertar. Não deixe que a vaidade destrua a sua intuição, pratique a humildade e a simplicidade.

8. Acredite em sua intuição, ela está sempre correta, mas tenha cuidado com a sua interpretação, você poderá estar entendendo mal os sinais.

9. Ouça a intuição dos outros. Isso não quer dizer que você deve aceitar tudo que os outros dizem, mas poderá ajudá-lo a refletir novamente sobre o assunto e a reativar a sua intuição, mas não queira entender e dar explicação para isso, apenas compreenda que nem tudo pode ser explicado.

10. Aprenda a usar mais a sua intuição, eduque-a diariamente e descubra o potencial que ela tem, decidindo e atuando de acordo com a sua voz interior, mas não tenha vergonha de dizer que fez uso da intuição para tomar tal decisão.

Um excelente método para intuir algo que deseja e verificar o que a sua voz interior tem a dizer é através da criação da imagem do que você pretende. Vamos dar um exemplo, caso esteja pensando em uma nova carreira e/ou uma mudança de emprego: você deverá criar uma imagem mental ou uma espécie de sonho ativo. Imagine que você aceitou a nova proposta de trabalho, observe a você mesmo, em um sonho ativo, executando as tarefas pertinentes à sua função. Observe nesse filme alguns pontos importantes:

- o ambiente de trabalho é agradável e você se sente bem?
- os colegas da equipe são amáveis e verdadeiros?
- as pessoas e o seu líder elogiam o seu trabalho?
- há liberdade para a criatividade?
- você está vendo uma melhoria monetária e de benefícios?
- você percebe realização no que está fazendo?
- você está feliz?

Se você rodou esse filme da forma adequada, com tranquilidade e no momento adequado, com certeza essa imagem mental lhe deu diversas respostas. A impressão do seu novo trabalho ficou clara e quase conclusiva, e também deverá ser levado em conta que essa imagem mental, no mínimo, irá lhe inspirar a concretizar o seu sonho.

Essa técnica é utilizada para atletas e equipe esportiva. Um dos maiores jogadores do basquete brasileiro de todos os tempos, nosso inigualável Oscar, imaginava-se arremessando a bola para a cesta no final do jogo com a vitória do campeonato; isso o ajudou a conquistar o sucesso, lembrando que essa técnica era um complemento mental do seu treinamento físico. Diversas vezes ele nos falou que suas mãos não eram santas, mas sim treinadas.

Você deve confiar mais na sua intuição, tanto para as pequenas como para as grandes decisões. Jamais terá em suas mãos todos os argumentos, elementos e informações racionais no momento da tomada de decisão, mas deverá buscá-los o máximo possível, por isso o percentual que estará faltando deverá ser buscado na sua intuição, sem medo de ser feliz!

Você sabe usar a sua intuição? A terapeuta holística Celina Fioravanti desenvolveu um teste para você saber o quanto usa a sua intuição na sua vida.

Assinale em cada questão a afirmação mais próxima de sua maneira de agir, sentir ou pensar:

1. Gostaria de desenvolver sua intuição?

( ) sim, mas não sei se é possível

( ) se for fácil e rápido

( ) já sou intuitivo e acho desgastante

2. Em uma batalha, levaria:

( ) uma espada

( ) uma lança

( ) um escudo

3. Quando compro roupas:

( ) prefiro as peças da moda

( ) sou aberto às novidades, mas mantenho meu estilo

( ) levo peças que nem sempre uso depois

4. Quando alguém me pede ajuda:

( ) não gosto de ajudar, as pessoas não reconhecem

( ) tento mostrar novos caminhos

( ) acabo carregando a pessoa nas costas

5. Quando fico doente:

( ) tomo um remédio e resolvo logo

( ) tento lembrar se tomei chuva ou comi algo diferente

( ) acho que algum desequilíbrio emocional me deixou vulnerável

6. Ao estabelecer metas para o futuro:
( ) quero algo para sempre
( ) admito mudar, se necessário
( ) avalio muito a situação atual

7. Como aliado na vida, gostaria de ter:
( ) um herói
( ) um anjo
( ) um mestre

8. Ao tomar uma decisão:
( ) fico firme e sigo adiante até o fim
( ) sou rápido, mas muitas vezes volto atrás
( ) adio ao máximo e acabo decidindo por impulso

9. Meus medos são:
( ) muito poucos
( ) algo que sempre investigo
( ) incompreensíveis para mim

10. Gostaria de aumentar minha intuição para:
( ) ter mais dinheiro e poder
( ) ter mais criatividade e porque é curioso
( ) ser útil e reconhecido

11. Se eu fosse uma feiticeira, faria um ritual para:
( ) o sol
( ) as árvores
( ) a lua

12. Quando sonho:
( ) geralmente não me lembro
( ) às vezes me lembro, mas não é importante
( ) costumo ter sonhos marcantes ou assustadores

13. Como se relaciona com a rotina?
( ) aceito com facilidade
( ) fico deprimido
( ) acho difícil seguir a rotina e reajo contra ela

14. À medida que os anos passam:
( ) tenho saudade da infância
( ) adapto-me com facilidade
( ) sinto-me cada vez mais livre

15. Como as pessoas reagem às suas ideias:
( ) já elogiaram algo que criei
( ) alguém já copiou uma criação minha
( ) muitos não entendem minha criatividade

16. Meus sentimentos:
( ) são controlados
( ) são analisados
( ) me levam

17. Quando começo um novo trabalho, fico:
( ) otimista
( ) ansioso
( ) inseguro

18. Meu humor é:
( ) estável
( ) instável, mas me esforço para ser bem-humorado
( ) instável, não entendo por que fico de mau humor

19. Já recebeu um aviso intuitivo?
( ) nunca
( ) não sei
( ) sim, e foi importante

20. De qual dessas aves gostaria de imitar o vôo?
( ) uma gaivota voando sobre o mar para pescar
( ) uma águia indo explorar o alto de uma montanha
( ) um beija-flor de penas brilhantes, ao luar

21. Gosta de trabalhar em grupo?
( ) sim, porque normalmente dirijo o trabalho
( ) sim, principalmente quando convenço os outros a fazer a parte monótona
( ) não, meu ritmo é diferente

22. Tenho facilidade para:
( ) lembrar datas e estatísticas
( ) me comunicar verbalmente ou por escrito
( ) identificar o sentimento dos outros

23. Já descreveu alguém usando uma metáfora?
( ) nunca
( ) acho que, antes, preciso pensar bem
( ) sempre faço isso

Quantidade Assinalada 1ª Opção	Quantidade Assinalada 2ª Opção	Quantidade Assinalada 3ª Opção

Resultado

MAIORIA DAS RESPOSTAS NA 1ª OPÇÃO

Você tende a usar mais a razão do que a intuição. Sua intuição tem bloqueios, e a causa deles pode estar no tipo de educação recebida, com ênfase na informação e menos estímulos para arte e fantasia. Você age antes de analisar seus sentimentos, gosta de usar a lógica e aprende depois de rever suas experiências. Tem forte senso prático, muita ligação com o material e medo de parecer ridículo ao assumir um palpite que não possa justificar logicamente. Arrisca-se, tende a acertar mais nos assuntos alheios, falhando quando está envolvido diretamente. Às vezes demora a perceber intuitivamente quem lhe é desfavorável, embora seja desconfiado. O bloqueio da intuição pode ser desfeito com atividades ligadas à arte, como música e pintura, além de exercícios de divagação. Por exemplo, aquele passatempo infantil de olhar nuvens e ver com o que se parecem, ou admirar quadros de artistas abstratos.

Maioria das Respostas na 2ª Opção

Você usa a intuição de maneira instável. Sua intuição não é aproveitada plenamente, por falta de consciência de que ela existe ou porque não presta atenção e se esquece do que intuiu. Você gosta de novidades, de incorporar conhecimento, e pode ter a intuição como aliada, mas pode não ter muita paciência para desenvolvê-la porque é imediatista. Para desfazer os bloqueios, precisa aceitar que ela é uma capacidade e trabalhar a interpretação dos sinais. Seria interessante anotar as idéias que surgem no banho, no trânsito ou em outras situações inesperadas. Dedique-se a atividades que estimulam a concentração mental, como meditação, colorir mandalas ou fazer palavras cruzadas.

Maioria das Respostas na 3ª Opção

Você já age intuitivamente, capta informações que escapam aos outros e sabe usar suas impressões. Treinar a intuição significa ter acesso a um reino que já é seu. Você tem facilidade para intuir sobre outras pessoas e sabe de imediato em quem pode confiar. Muitas vezes, essa capacidade aparece precocemente, o que pode ter sido uma experiência marcante em sua vida. Às vezes, é desgastante enxergar mais longe do que os outros. Algumas pessoas intuitivas se assustam ou têm perturbações. Tente superar a insegurança quando tiver algum palpite, pois isso criará dificuldades para posteriores manifestações. Para melhorar seu aproveitamento, precisa mais ordenar do que ativar o processo. Pratique atividades de concentração, estudando as interpretações de símbolos e arquétipos; anote seus sonhos e, depois de algum tempo, releia e procure associar com o que aconteceu na seqüência.

Quebre o tabu, use a sua intuição e ouça a voz da inteligência do coração na tomada de decisão. Faça desse recurso uma ferramenta para o seu sucesso.

Capítulo 5

SONO – SOMOS DO TAMANHO DO NOSSO "SONO"

Uma grande dúvida e divergência pairavam entre mim e minha esposa, Paula. Ela sofre de insônia, dorme aproximadamente três horas por noite, e eu simplesmente adoro dormir, se o clima ajudar, então, poderá ser mais de 11 horas de sono, com certeza. Mas a divergência estava na hipótese, da minha esposa, de que dormir demais era pura perda de tempo. Para ela, eu estava deixando de aproveitar melhor o dia, a vida, criar mais oportunidades e render mais no meu trabalho.

A minha maneira de pensar e agir sobre o sono era completamente diferente, 15 minutos de sono poderiam fazer uma grande diferença no meu dia de trabalho. E foi assim por longos anos, a discussão sempre acontecia nos mesmos moldes, quando resolvi tirar, de uma vez por todas, essa história a limpo. Iniciei pesquisando com os amigos na profissão de medicina, a qual não foi muito esclarecedora, pois todos eles me disseram que existe duas correntes de pesquisa – uma que considera a quantidade mínima de oito horas de sono como uma necessidade do ser humano, e outra, defendendo que não há quantidade mínima, trata-se de especificações diferentes de cada ser humano; se a pessoa dorme quatro horas e se sente bem, então estaria tudo normal.

Por mais algum tempo ficamos com essa dúvida e, conseqüentemente, a discussão continuou, sem qualquer mudança de opinião de ambas as partes. Por uma incrível coincidência, estava abandonado na estante de um presidente, cliente de minha consultoria, um livro; e uma coisa que sempre fiz, até mesmo como mania de professor, foi pegar o livro e dar uma olhada no índice. Para minha surpresa, estava lá, Capítulo V – página 77 – *"O sono é decisivo na manutenção e elevação de seu nível de saúde"*. Rapidamente, pedi emprestado o livro para ler e, não poderia ser diferente, a primeira coisa que fiz foi ler o Capítulo V. Mas antes de falar com a minha esposa, fiz questão de ler todo o livro, o que foi de grande importância na minha vida; me fez mudar de hábitos e levar uma vida mais saudável, emagreci 12 quilos e passei a freqüentar três vezes por semana a academia de ginástica.

Este capítulo dedico ao autor Nuno Cobra, que escreveu o livro *A Semente da Vitória*, ajudando-me a solucionar o impasse conjugal e me fazendo sentir mais tranquilo sobre o assunto sono, mas principalmente por ter contribuído na minha saúde e qualidade de vida.

Mas antes de iniciar a narrativa sobre o sono, vou descrever o autor: Nuno Cobra é um profissional conhecido em diversos países por seu trabalho com atletas profissionais, empresários, deficientes físicos, presidiários, alunos de escolas públicas, etc. Ele foi um dos primeiros a tratar de conceitos que a psicologia moderna coloca no centro dos seus estudos, a inteligência emocional, criando um método de treinamento focado na vitória, viabilizado pela inspiração da crença de que as pessoas podem descobrir a extraordinária força que existe nelas para transpor os obstáculos, conhecendo sua verdadeira grandeza interior.

Nuno Cobra, com formação em educação física, foi preparador físico de diversos atletas famosos, como Ayrton Senna, por mais de dez anos, Mika Hakkinen, Rubens Barrichello, Gil de Ferran, Christian Fittipaldi, entre outros.

A base do seu Capítulo V está na seguinte citação:

"Respeite seu corpo no sono, que relaxa, solta, predispõe, organiza hormônios, elimina os excessos, recompõe todas as células do nosso organismo, liberta o inconsciente para o encontro com a energia universal".

Era tudo o que eu precisava para provar que quem estava certo era eu, na nossa divergência entre marido e esposa.

Chega de provas e divergências, vamos dissecar o assunto e incluí-lo como uma ferramenta eficaz para a sua vitória e o seu sucesso. A qualidade do seu sono é considerada pelo autor como o fator mais importante do seu método, a base e o ponto de partida para a operação das transformações da sua atividade profissional e, por que não dizer, da sua vida. A pessoa que se dedica a uma atividade física e sistêmica tem a obrigação

5. SONO – SOMOS DO TAMANHO DO NOSSO "SONO"

aumentada com relação a ter um sono mais profundo, reparador e de maior duração. Você pode não ser um atleta esportivo, mas é um atleta do trabalho, e também necessita desses conselhos para a sua saúde física, mental e emocional.

É durante o sono, com seu repouso total, que a maravilhosa máquina humana absorve e assimila todo o esforço, aprendizado e dedicação realizados durante o dia, desde que o sono seja suficiente em qualidade e quantidade. A nossa sociedade, e principalmente a comunidade empresarial, está colocando-o em uma espiral de competitividade jamais vista, pois é preciso trabalhar bastante, render muito e produzir mais; por isso, dormir passou a ser um obstáculo e até mesmo sinônimo de perda de tempo – um grande engano.

O mais engraçado foi o surgimento, entre os executivos, de um paradigma nos anos oitenta de que dormir era uma inabilidade na vida de um executivo. Era considerado um excelente executivo aquele que dormia pouco. Por incrível que pareça, chegava a ter uma competição velada entre eles para ver quem dormia menos, com pessoas dormindo menos de quatro horas por noite, e se sentindo o máximo por esse feito trágico para a sua saúde.

Cada pessoa tem uma necessidade específica de horas de sono, mas a média gira em torno de oito horas de sono com qualidade. Para ilustrar essa constatação, Nuno Cobra descreve um caso da tenista Cláudia Monteiro, uma das maiores jogadoras brasileiras da década de 70. Ele observou que quando a jogadora dormia menos de dez horas, ficava mal-humorada, irritada e, o principal, com péssimo rendimento no treino. Quando ela dormia de dez a 11 horas, sua performance era superior, seu entusiasmo e empolgação eram consideravelmente melhores, e o mais importante era que a frequência cardíaca baixava rápido, quando necessário, durante os treinos. Foi conclusiva sua observação de que se tratava de uma questão fisiológica.

É evidente que o organismo se adapta sob a quantidade de sono que você estipular e programar, mas isso tem um custo. Nuno Cobra faz uma metáfora interessante:

> "O organismo é como uma conta bancária numa instituição financeira na qual você pode entrar em débito algumas vezes, mas não pode estar no negativo o tempo todo, porque o organismo cobra caro, com juros altíssimos".

A qualidade do sono está intimamente ligada ao envelhecimento precoce, estresse, saúde, memória e mau humor. É comum na pessoa que dorme pouco ter os cabelos brancos prematuramente, e ao contrário do que geralmente se pensa, a necessidade de sono não diminui com a idade, o que acontece é que a capacidade de dormir bem pode diminuir.

Você deve se perguntar: será que as cinco ou seis horas que durmo são o que o meu organismo realmente necessita, ou é apenas fruto de um mau hábito? Você deve encontrar a quantidade de sono que satisfaça às suas necessidades: experimente dormir oito, nove ou dez horas por noite, insista por três meses e faça a pesquisa com a sua esposa ou esposo, filhos, amigos e colegas de trabalho, perguntando se o seu estado de espírito melhorou, se o seu humor, sua concentração, disposição e tolerância mudaram para melhor. Se for positivo, reveja os seus hábitos de sono e passe a colher os frutos na carreira pessoal e profissional.

Existem alguns *"ladrões de sono"*, geralmente ligados a fatores psicológicos. O estresse é considerado por muitos especialistas a causa número um de dificuldades passageiras do sono. A dificuldade para dormir quando a pessoa está passando por problemas na escola ou no trabalho, principalmente com perda do emprego, quando tem um problema no casamento ou em outro relacionamento pessoal, ou quando há alguém seriamente doente na família é normalmente grande; todos esses fatores roubam o seu tranquilo sono.

Diversos hábitos do dia ou da noite prejudicam sua capacidade de dormir bem. Por exemplo: tomar bebidas alcoólicas ou que contenham cafeína no fim da tarde ou à noite; praticar exercícios físicos antes de deitar; não ter uma hora certa para deitar ou despertar; trabalhar ou realizar atividades que exijam muito do cérebro bem antes de deitar, ou até na própria cama. Grandes erros para o sono reparador.

Como será que fica para os profissionais que trabalham à noite e principalmente para os que atuam com escalas de revezamento? Trabalhar em turnos mexe no seu relógio biológico, e sem dúvida tudo fica mais complicado. Basta o *jet leg*, outro comum ladrão de sono, que é a dificuldade em dormir causada por viagens através de várias zonas horárias. O problema é que seus ritmos biológicos saem totalmente de sincronismo, e levam um certo tempo para voltar à normalidade.

O ambiente para dormir é importantíssimo. Ambiente cheio de distrações, como um quarto muito frio ou muito quente, com muitos ruídos ou com muita luz, pode ser uma barreira para um sono reparador. Outros detalhes importantes para observar são o conforto e o tamanho de sua cama, o seu pijama, a roupa de cama e o travesseiro. O conforto faz parte do ritual de uma noite de sono bom.

5. SONO – SOMOS DO TAMANHO DO NOSSO "SONO"

O sono é, incontestavelmente, o momento mais importante de reconstrução da máquina humana; trata-se de um diálogo interno, até mesmo uma autorreflexão, que ocorre durante o repouso. Nuno Cobra afirma que o jovem necessita de um mínimo de dez horas de sono, em razão das exigências esportivas e educacionais. Pense comigo, como está a carga de atividades de um jovem nos atuais dias? Certamente, a necessidade de prepará-lo para o sucesso exige uma carga de diversos compromissos como: meio período de educação formal, aula de línguas e informática, aprendizado e participação esportiva (futebol, basquete, natação, etc.), aulas no campo das artes (guitarra, dança, pintura, etc.), tema de casa solicitado pela professora e, finalmente, o lazer, que muitas vezes se torna uma forma de aprendizado, por ser na frente de um computador. São muitas responsabilidades e tarefas cumpridas, tudo isso exigido pela nova sociedade e pela competitividade do mundo globalizado, e para fazer tudo isso o jovem tem que acordar mais cedo e dormir mais tarde, acumulando continuamente informações durante o dia, que somente durante o sono serão armazenadas e aprendidas.

É também durante o sono profundo que o hipotálamo libera o hormônio do crescimento, superimportante para as crianças. Na verdade, o tempo do sono é o que poderíamos comparar com um servidor em uma rede de computação. É durante o sono que damos passagem à administração do nosso organismo e controle do nosso corpo, em um processamento automático e autônomo, recuperando as nossas energias, repondo tudo o que foi gasto durante o dia e armazenando as informações e o aprendizado de forma bioquímica.

Gosto muito da história dos menininhos, que o autor relata, para explicar a dinâmica do sono, que merece ser reproduzida na íntegra:

> *No primeiro sinal de início do seu sono, os menininhos que vivem dentro do seu organismo que são responsáveis pela arrumação e limpeza já começam a cochichar. Um diz: "Ei! Será que ele já dormiu mesmo? Tá tudo tão quieto!" E o outro: "Vamos esperar mais uns dois ou três minutinhos para ter certeza...".*
>
> *A partir daí, essa moçada bonita se reúne num grande galpão repleto de potinhos de todos os tamanhos e formas e das mais variadas e coloridas substâncias químicas e começa o preparo de cada diferente poçãozinha de que o seu organismo necessita para ser restaurado. E isso leva horas... Mas é uma festa! O papo corre solto e eles trabalham com alegria e satisfação. Se tiverem tempo suficiente, nenhuma celulazinha do seu organismo ficará sem a devida reparação das perdas que ocorreram durante o dia.*

Depois disso, cada responsável pega seu carrinho de mão, ajeita os diversos e diferentes potinhos coloridos pelas substâncias confeccionadas e sai via corrente sangüínea até o seu destino, seja o cérebro, seja o intestino, seja o dedão do pé. Todos igualmente têm a responsabilidade de promover a faxina adequada e entregar as devidas substâncias em seus respectivos endereços. E ficam muito tristes quando você acorda antes de eles terminarem o trabalho, porque às vezes passam horas na formulação da química necessária para restaurar os seus rins, por exemplo, e acabam não tendo tempo suficiente para entregar. Para eles é muito difícil saber que trabalharam tanto à toa...

Existem até noites em que o trabalho é tão grande e tão sofrido, quando você comeu aquela picanha bem engorduradinha às 9 da noite, ou encheu o caco de uísque – enfim, botou para dentro aquele monte de m... na hora mais imprópria possível, que esses menininhos não dão conta do recado e chamam o pessoal que vem pra fazer hora extra. Às vezes o estrago é tão grande que é preciso chamar até o pessoal que está de férias...

Você pensa que dorme, mas o seu organismo estará mais acordado do que nunca, trabalhando a todo vapor. Isso é injusto!

Aqui cabe bem colocar o motivo pelo qual não se deve consumir líquidos em grande quantidade após o anoitecer. Você já imaginou se, no momento em que eles estão no seu grande laboratório interno ou executando a faxina mais pesada, você levanta sem se dar conta do incrível trabalho da moçada e vai fazer seu xixizinho às 3 horas da madruga?

No momento em que você levanta, cai balde prum lado, voa escovão pro outro, quebram-se preciosos potinhos com substâncias imprescindíveis e cria-se tamanha bagunça que às vezes deixa o seu templo mais desorganizado do que estava na hora em que você foi dormir.

Além do que você deve comer e quanto deve beber à noite, é de suma importância a regularidade do horário que você deve ir dormir. Lembre-se: os menininhos estão dentro do seu organismo esperando você dormir para iniciar o árduo trabalho, e você muitas vezes demora tanto para ir dormir, que quando pega no sono, quem já está dormindo são os menininhos. Assim eles acordam mal-humorados, pegam os potinhos de qualquer maneira, preparam as substâncias meio acordados, caminham para os endereços errados, enfim, não conseguem cumprir o que os deixaria mais felizes; a sua restauração para o dia seguinte.

Veja, meu caro leitor, isso não significa que você deva dormir com as *"galinhas"*, mas também não significa que você deva ir dormir todos os dias depois da meia-noite. Dentro de um horário comercial, mais usual, poderia ser por volta das 10h30min, mesmo que no início você faça força para se deitar nesse horário e ainda fique um bom tempo rolando na cama, não deixe de persistir, pois você está criando um novo hábito, e isso não muda de um dia para o outro.

A pessoa que dorme pouco e com péssima qualidade é uma séria candidata a doenças da nova era, como hipertensão, colesterol alto, infarto, síndrome do pânico, gripes constantes, e outras.

Quando você sentir que se aproxima uma gripe, dor nas costas, infecção de garganta, dor de cabeça e outras mais, programe-se e vá dormir um pouco mais cedo. Deixe que os menininhos trabalhadores do seu organismo façam o seu dever de casa, e verá que os problemas serão resolvidos tranqüilamente, sem a necessidade de gastar com consultas médicas e remédios; invista mais no seu sono, afinal, você não precisa pagar nada por isso!

"Como era bom viver naquele tempo!" Quantas vezes já ouvimos e falamos essa frase? Mas por que esse tipo de comentário, se o progresso nos trouxe tanto conforto e facilidade? O que devemos observar é que antigamente os níveis de estresse eram infinitamente menores do que os vividos nos dias atuais. Nós dormíamos muito mais quando não havia iluminação elétrica, quando ainda trabalhávamos perto de casa e quando ainda havia pouca distração noturna.

Calma, se em tudo o que está sendo explicado você se enquadra, saiba que você não é o único. Estima-se que um quarto da população terrestre apresente distúrbios do sono. Segundo a Sociedade Brasileira de Neurofisiologia, dois em cada três brasileiros reclamam de mau sono. O fato é tão alarmante que nos Estados Unidos já existem 1.500 clínicas, e no Brasil já alcançamos a marca de cem laboratórios do sono que tratam pessoas com esse tipo de distúrbio.

Além da redução quantitativa, o sono deteriorou em qualidade. Mas também pode ser uma grande oportunidade de negócio e sucesso. Pense nisso antes do seu vestibular.

Acompanhados das mudanças tecnológicas, do nosso estilo de vida e, consequentemente, dos nossos hábitos, vieram também o estresse e muitos problemas correlacionados, inclusive de saúde, exigindo uma completa revisão de valores voltados à qualidade de vida.

Resumidamente, para viver é necessário dormir, o sono tem o dom da cura, ele tem a competência de colocar o organismo em total equilíbrio. É ele que administra e rege a orquestra do seu sistema orgânico, afinando todas as células no mesmo tom, oferecendo a mesma partitura para ser tocada no mesmo andamento, tempo, ritmo e melodia, preparando seu corpo e sua mente para a vitória do dia seguinte.

Algumas medidas e recomendações práticas podem auxiliar a manutenção de um sono de qualidade, portanto, cuide destes detalhes:

1. Encontre a quantidade certa de horas que você deve dormir, para saciar suas necessidades orgânicas.
2. Evite cafeína, nicotina, medicamentos e álcool no fim da tarde e à noite. A cafeína e a nicotina podem retardar seu sono, e o álcool pode interrompê-lo no meio da noite.
3. Pratique exercícios regularmente, mas pelo menos três horas antes de deitar. Caso contrário, seu corpo não vai ter tempo suficiente para relaxar e se recompor.
4. Se você tem dificuldade para pegar no sono à noite, não cochile durante o dia. Mas se você tem uma boa qualidade de sono será revigorante um cochilo de 15 minutos após o almoço.
5. Estabeleça uma rotina regular e relaxante para a hora de deitar. Isso vai permitir sinalizar ao seu cérebro que é hora de dormir. Em geral, tente reservar de sete a oito horas de sono, e siga a rotina da forma mais constante possível. Mesmo nos fins de semana.
6. Estabeleça uma rotina para seu horário de dormir e de despertar. O relógio biológico responde melhor se habituado a horários regulares. Mesmo nos fins de semana, tente manter o esquema estabelecido para os dias úteis.
7. Sua cama não deve ser usada para nada que não seja sono ou sexo. A cama deve estar associada com o ato de dormir.
8. Se você não conseguir pegar no sono em 30 minutos, não fique virando na cama. Levante e encontre alguma atividade relaxante, como ouvir música suave ou ler um bom livro até sentir sono. Lembre-se: tente limpar a mente, não use esse tempo para tentar solucionar seus problemas.
9. Faça uma refeição leve à noite, pois as refeições copiosas dificultam o ato de dormir e a reconstrução do seu organismo.
10. Mantenha uma atividade física regular para sua idade. A combinação certa de exercícios físicos e bom sono pode trazer excelentes resultados à sua saúde.

11. Use técnicas de relaxamento. Progressivamente, contraia e relaxe todos os músculos do corpo, começando pelos dedos dos pés e terminando na face. Massageie suavemente o couro cabeludo. Tente visualizar uma cena ou paisagem que lhe traga satisfação.

12. Tome um banho morno. Deixe a água escorrer pelo corpo durante algum tempo, pois isso ajuda a relaxar os músculos tensos.

13. Tome um copo de leite morno. O leite contém o aminoácido triptofano, que relaxa os músculos e induz ao sono.

14. Experimente ingerir chás à base de ervas, como camomila, erva-doce, erva-cidreira, etc. Eles têm sido usados há séculos por pessoas que garantem sua ação relaxante.

15. Certifique-se de que não há claridade no quarto e a temperatura é agradável. Mesmo pouca luz pode atrapalhar o sono de algumas pessoas. Não se esqueça de se livrar das coisas que possam fazer barulho, principalmente seu celular.

16. Escolha o colchão adequado para seu peso e altura. Colchões muito macios ou muito duros são contraindicados. Lembre-se também do conforto das roupas de cama e de dormir.

17. Relações sexuais são relaxantes. Após o orgasmo, as pessoas tendem a ficar sonolentas.

O sono é a chave da vida, e você é o que você dorme, e somos do tamanho do nosso sono!

BOA NOITE!

Capítulo 6

GESTÃO PELA SIMPLICIDADE – PODEMOS SER SOFISTICADAMENTE SIMPLES

Você já parou para pensar nas coisas complexas que circundam a sua vida? Mas que de certa forma a facilitam? Para refletir, lembre-se de quantas operações e botões possui o seu micro-ondas e quantos você realmente sabe usar! O seu DVD com variados menus e operações, lembre-se da última vez que você fez uma programação de gravação! De todos os *softwares* e atalhos que você pode clicar na tela de seu computador, acredito que poucos deles você utiliza integralmente! O seu novo celular, quantas das opções disponíveis você já manuseou? Quantos manuais, CD's orientativos, *helps* e ícones de ajuda você leu atentamente para aprender ou solucionar um problema?

"*Temos a tendência de querer que as coisas sejam simples e fáceis de usar, mas que também façam todas as coisas complexas que gostaríamos que fizessem.*" Esse é um apontamento do autor John Maeda em seu livro *As Leis da Simplicidade* que expressa a sua conclusão em uma simples fórmula: simplicidade = sanidade, como resultado podemos aprender a simplificar sem sacrificar o conforto e o significado do óbvio, buscando o equilíbrio entre a simplicidade e a complexidade.

Existem muitas promessas de simplicidade no mercado. O Citibank possui um cartão de crédito de *simplicidade*; a Ford tem um programa chamado *Mantenha o preço simples*; a Philips tem como um dos seus valores a prática de *sentido e simplicidade*, executando sua estratégia e produtos com base na premissa de fazer as coisas de forma simples. Pode-se pensar na lógica de que a simplicação, a descomplicação e a facilitação da vida das pessoas podem ser comercializadas, render bons dividendos, até mesmo ser uma inovação no mercado e desejo do consumidor em constante expansão.

Vejamos o exemplo do buscador Google. Como é simples e rápido fazer uma pesquisa na Web, mas devemos observar que para ter esse resultado supersimples de encontrar o que desejamos existem muitas operações complexas dentro desse sistema. Outro dia fiz uma brincadeira em um artigo postado no meu twitter; como tudo que necessitamos hoje em dia pode-se encontrar no Google, o promovi a *"Santo das causas de pesquisa"* com uma oração própria para os usuários:

> *"Santo Google agradeço, antecipadamente, por tudo que tem feito por mim, e o que no futuro poderá fazer. Mantenha-me sempre plugado em mais de um mega, e que na primeira palavra pesquisada encontre o* site *com todo o conteúdo que necessito naquele momento.*
>
> *Santo Google, louvo o senhor para localizar o melhor caminho no mapa, com as referências ideais para não me perder. Google santo abençoado por todas as imagens, músicas e vídeos que possuis, me facilitando as apresentações na universidade e no trabalho.*
>
> *Venturoso Google, peço. e até imploro, para desvendar a fórmula para o meu* site *aparecer no topo da lista de pesquisa, e que seja clicado por infinitos navegadores, com contínuo crescimento e me ajudando por toda a eternidade. Aaaaarrobamem."*

John Maeda escreveu 10 Leis da Simplicidade. Vamos ver, resumidamente, algumas delas para a nossa reflexão:

LEI Nº 1 – REDUZIR

Toda simplificação exige trabalho árduo de complexidade. A maneira mais simples para simplificar é reduzir, encolher, ocultar e agregar valor de forma consciente e lógica. A regra geral é: na dúvida simplesmente elimine. Quando uma organização consegue reduzir um relatório, um procedimento, um programa ou uma operação, estará atuando na remoção de algo que não terá perda significativa, e com isso estará simplificando suas gestão e operação.

Quando um equipamento ou objeto se tornam menores em tamanho, temos a impressão de ser algo mais simples de usar, como qualquer *design* que contenha leveza e finura passará a impressão de ser menor e fácil de manusear. Nossa reação e pensamento é: *como aquela coisinha pequena con-*

segue fazer tudo isso?. A tecnologia em diversos setores está agilmente encolhendo, basta pensar que há 60 anos um computador pesava 30 toneladas e ocupava 170 metros quadrados; nem será necessário comparar, basta você ver o que um *chip* de milésimo de centíimetro pode fazer no processamento de dados no seu *notebook*.

Quando as funções de eliminar, dar leveza e finura ao produto forem plenamente utilizadas o deixarão mais atraente, mas ainda haverá a possibilidade de usar o recurso de ocultar a complexidade para simplificar. Um bom exemplo desse recurso é o canivete suíço, que expõe apenas a ferramenta que você irá usar naquele momento, ocultando as demais para não confundir o usuário. Pense nas interfaces dos computadores atuais com suas barras de menus e paletas ocultas, que se revelam somente quando clicadas, ministrando uma capacidade enorme de ocultar para criar a ilusão de menor complexidade.

À medida que as operações ficam ocultas e os equipamentos menores, torna-se cada vez mais necessário o sentido de valor agregado. O consumidor só sentirá atração por um produto menor e funções reduzidas se perceber que tem mais valor do que a versão maior desse produto. Menos pode ser mais quando o cliente percebe essas vantagens de reduzir, encolher e ocultar.

LEI Nº 2 – ORGANIZAR

Você lembra da tecla *Tab* na máquina de escrever? Aquela que fazia um barulhinho *plank* ao se mover automaticamente quando apertada para fazer uma tabulação? O que a geração desse século provavelmente viu em algum museu ou antiquário! Era a tecla que conseguia a magia de colocar ordem no texto, ainda mantida nos teclados atuais de computador, sendo ela a única no teclado projetada para simplificar as operações.

Maeda coloca em seu livro um bom exemplo de simplificação pela organização. Considere a seguinte lista de itens:

vermelho leão refrigerante pimenta safira
azul urso milk shake sal diamante
verde jacaré martini glutamato topázio
amarelo flamingo expresso alho rubi
branco girafa leite cominho esmeralda
preto pinguim cerveja açafrão ametista
cinza cachorro água canela turquesa

Acredito que você não tenha entendido o que quer dizer essa lista! Mas vamos experimentar organizá-la e classificá-la com a tecla Tab, e ver o que acontece:

vermelho	leão	refrigerante	pimenta	safira
azul	urso	milk shake	sal	diamante
verde	jacaré	martini	glutamato	topázio
amarelo	flamingo	expresso	alho	rubi
branco	girafa	leite	cominho	esmeralda
preto	pinguim	cerveja	açafrão	ametista
cinza	cachorro	água	canela	turquesa

A simples organização e alinhamento dos itens pode colocar ordem no caos. Os seres humanos são por natureza organizacionais, tentam agrupar e categorizar tudo que veem para inconscientemente simplificar sua vida, por isso você deve aproveitar essa natureza e organizar sua vida.

Lei nº 3 – Tempo

Imagine tudo que você *espera* em um dia: em filas em pé ou no automóvel; a água quente do chuveiro cair; o portão automático se abrir; o sistema operacional abrir; a água ferver; a página da *Web* carregar; o médico ou o dentista lhe atender; o SAC de uma empresa lhe atender; a telefonista conectar a pessoa que você deseja falar, entre diversas outras ações.

Imaginou o tempo e a frustração que lhe consomem durante o dia, na semana, no mês e no ano? Por isso quando somos atendidos com agilidade por alguém, seja pofissional ou pessoal, temos a nítida percepção de que a experiência foi fácil, simples e descomplicada. Quando somos obrigados a esperar, tudo parece complexo. A economia e a agilidade de tempo trasmitem simplicidade e facilidade para a maioria das pessoas.

A Apple fez uma experiência com seus usuários, e constatou que quando havia um mostrador gráfico do progresso do processamento, ou quando uma barra de progresso era exibida na tela, o usuário tinha a impressão de que o computador executava a operação em menos tempo e com mais simplicidade do que quando nenhuma informação visual era exibida.

É importante observar que rapidez pode facilitar as coisas, mas também poderá custar mais caro no seu bolso. Se você enviar uma carta simples pelo correio levará mais tempo para chegar ao destinatário, mas se você enviar via SEDEX chegará no dia seguinte com um custo adicional 40 vezes maior. Um voo sem escalas lhe agilizará a viagem, mas terá um desembolso maior por essa rapidez e conforto.

Quando se economiza tempo, ou quando parece que isso ocorre, o complexo torna-se muito mais simples.

LEI Nº 8 — CONFIANÇA

A competitividade pelo cliente está cada vez mais aprimorada nas organizações, e um dos pilares para essa meta é saber conquistar a confiança do consumidor. Encontramos empresas no mercado do varejo que oferecem ao comprador a possibilidade de trocar o produto a qualquer momento. Estão dispostas a assumir o risco da devolução pela confiança e fidelização da marca e da empresa pelo cliente.

Quando pensamos em confiança normalmente visualizamos ações de: honestidade, sinceridade, verdade, amizade e lealdade, acreditando que esses comportamentos são o suficiente para confiar em alguém ou em uma organização, visualizando apenas um lado na construção da confiança. Para edificar a verdadeira e integral confiança é necessário enxergar os dois lados dessa moeda.

Stephen R. Covey, em seu livro *O Poder da Confiança*, caracterizou o "*CARÁTER*" e a "*COMPETÊNCIA*" como os dois lados dessa moeda. Para entender melhor esse conceito, vamos imaginar que você está iniciando um relacionamento profissional com uma pessoa sincera, honesta e verdadeira, mas você não confiará plenamente se ela não produzir resultados concretos em seu departamento. Outra pessoa poderá possuir grandes habilidades, talentos e bons antecedentes de resultados em outra empresa, mas se ela não for honesta e transparente você não confiará nessa pessoa, e não a manterá no quadro de pessoal. Por isso a credibilidade em uma pessoa acontece quando houver caráter e competência, sendo que a circunstância determina o nível de confiança que você poderá depositar em uma pessoa ou uma organização.

Quando conheci o conceito da *Equação da Velocidade da Confiança*, desenvolvido por Covey filho, fiquei estarrecido pela simplicidade, previsibilidade e verdade absoluta contida na equação; mas antes de explicar o conceito vou relatar o exemplo que o autor descreve em seu livro:

Antes do 11 de Setembro, nos EUA, podia-se chegar ao aeroporto meia hora antes da decolagem, e passava-se com rapidez no controle de segurança, mas depois desse dia dá para imaginar o que mudou em razão da desconfiança! Todos os recursos foram colocados para aumentar a segurança e a confiança em voar, o que foi evidentemente necessário, obtendo os resultados desejados para aquele momento, porém tudo ficou muito mais lento, do check-in à entrada para o embarque, sendo necessário chegar com muito mais antecedência, e também ficou mais caro, passou-se a pagar uma taxa-seguro extra de segurança, sem contar o valor-hora do cliente, em razão da prevenção de chegar com duas horas de antecedência para o embarque.

A equação é muito simples, veja:

⬇ CONFIANÇA = ⬇ VELOCIDADE ⬆ CUSTOS

Quando há baixa confiança, a velocidade diminui e os custos aumentam significativamente.

⬆ CONFIANÇA = ⬆ VELOCIDADE ⬇ CUSTOS

Quando a confiança cresce, a velocidade também sobe e os custos diminuem.

Basta você imaginar essa equação acontecendo em diversas situações como: em uma aquisição de empresa, fechamento de um contrato, uma negociação, na liderança de sua equipe, em um relacionamento profissional ou pessoal. Pergunte-se: o quanto você está simplificando, ganhando ou perdendo oportunidades de velocidade, e quantos custos você está aumentando ou reduzindo para o resultado desejado no seu dia a dia em relação a essa equação.

"Nada é tão rápido quanto a velocidade da confiança, e nada é mais gratificante do que um relacionamento de confiança." Stephen R. Covey.

"Na simplicidade nós confiamos." John Maeda.

Hoje, podemos dizer que temos o mundo das informações em um simples apertar de botão. Antes, o único botão que eu apertava era o do meu colarinho! Constatado que em 2007 foram produzidos 100 bilhões de gigabytes de informações. Em um único ano produzimos oito vezes o que levou 40 mil anos para ser feito! As previsões de hoje é que produziremos de 12 a 16 vezes mais do que em 2007.

6. GESTÃO PELA SIMPLICIDADE – PODEMOS SER SOFISTICADAMENTE SIMPLES

Aquilo que é difícil de usar é difícil de aprender; por isso a simplicidade de obter informações com os recursos virtuais de hoje agiliza e facilita o aprendizado, mas pouco estamos analisando sobre a qualidade dessas informações disponíveis. Hoje o mais importante não é saber pesquisar, mas sim saber selecionar, escolher, organizar e decidir quais informações serão adequadas ao tema que você está desenvolvendo. Para isso não existem manual, curso, seminários, *coaching* ou algo parecido, ainda depende da inteligência e da consciência humana.

Simplicidade e complexidade necessitam uma da outra. Quanto mais complexidade houver no mercado, mais a simplicidade se destacará como diferencial competitivo. Escolhi alguns exemplos interessantes para reflexão sobre a eficácia da aplicação da simplicidade no mundo corporativo:

- *Cartões de visita* – Acredito que em pouco tempo a tradicional troca de cartões de visita irá acabar. As pessoas irão simplesmente dizer *"busque-me no Google"* e terão, com simplicidade, todas as informações que precisa daquela pessoa ou profissional.

- *Wal-Mart* – Uma das empresas mais admiradas dos Estados Unidos reverencia a simplicidade em sua gestão. As ideias simples e poderosas do fundador Walton, como remunerar seus colaboradores por sugestões de corte de custos e simplificação do serviço, fizeram da Wal-Mart uma potência no varejo mundial.

- *Casas Bahia* – É comum encontrar o seu fundador Samuel Klein, com mais de 79 anos, circulando de sandálias pelo escritório da rede no ABC paulista e assinando os cheques da empresa. As Casas Bahia conjugam suas práticas de simplicidade como um aliado poderoso. *"O caminhão é uma extensão da loja, não queremos perder um cliente na hora da entrega."* Esse é o modelo mental facilitador de uma gestão simplificada e bem-sucedida.

- *Gol Transportes Aéreos* – Foi fundada inspirada no conceito simples de baixo custo. Uma das práticas do seu modelo de custos é a da refeição a bordo, que se resume a barras de cereais, amendoins, sucos e refrigerantes, possibilitando a reposição apenas uma vez ao dia, resultando em menor tempo em solo e economia de operações. Em vez do bilhete convencional, emitido em diversas vias após um processamento demorado, como acontece em outras companhias, o cliente da Gol recebe um pedaço de papel, semelhante a um tíquete impresso de supermercado. "*Se fizéssemos a bilhetagem tradicional, precisaríamos contratar mais 300 funcionários*", diz seu presidente Constantino de Oliveira Jr. Outra simplificação foi juntar, nos aeroportos, as áreas comercial e operacional sob uma única direção, facilitando e agilizando toda a comunicação.

- *Pão de Açúcar* – Depois de uma grande crise, adotou-se o lema "*corte, concentre, simplifique*", em vigor até hoje. Conduzida por Abilio Diniz, a organização sofreu uma considerável transmutação, acabando com o luxo e atuando na simplicidade econômica e inteligente em diversas ações internas.

- *São Paulo Alpargatas* – A simplicidade é um processo permanente em sua gestão. "*Só devem restar na empresa coisas que gerem valor*", diz o presidente Fernando Tigre, que assumiu uma empresa com futuro duvidoso, convivendo com abusos complexos como: no restaurante executivo o serviço era feito por três garçons de luvas brancas, que depois foi transformado em *showroom*; mais de seis níveis hierárquicos em sua estrutura, cortados pela metade com pleno sucesso no seu balanço.

- *Magazine Luiza* – A superintendente Luiza Helena Trajano é uma pregadora incansável das ideias de simplicidade. "*A grande dificuldade das empresas é achar que as mudanças são muito complexas*", diz Luiza Helena. Uma das suas ações foi literalmente rasgar o organograma repleto de caixinhas e colocar o cliente como foco único e principal para os mais de 3.600 colaboradores em todo o Brasil. Outra ação foi a quebra de paradigma com relação à autonomia dos gerentes de lojas; eles lideram como se fossem os donos do estabelecimento, tomando decisões de descontos, promoções e campanhas regionais. Os vendedores são responsáveis pelo crédito dos seus clientes; todos os empregados participam do planejamento estratégico, e todas as ações ficam atreladas a um programa de distribuição de lucros e resultados organizado com simplicidade e sem burocracia.

Poderia citar inúmeros exemplos nacionais e internacionais, mas acredito que as evidências dos que foram relatados provam o valor e a importância da simplicidade no mundo corporativo. A simplicidade poderá ser a nova vantagem competitiva das organizações e dos talentos. Acredito que os cérebros mais valorizados para os próximos séculos serão aqueles que forem capazes de sintetizar e simplificar tudo o que for possível.

6. GESTÃO PELA SIMPLICIDADE – PODEMOS SER SOFISTICADAMENTE SIMPLES

Haverá em breve especialistas, professores, consultores, cursos e seminários para capacitação na habilidade de simplificar, fazendo parte das avaliações de desempenho e, consequentemente, da remuneração dos profissionais.

A simplicidade é irremediavelmente sutil. Para criar um ambiente de simplicidade é necessário atenção a tudo que aparentemente não importa. Complexidade implica a sensação de estar perdido; simplicidade implica a sensação de estar localizado.

"Tornar o simples complicado é fácil; tornar o complicado simples é criatividade." Charles Mingus.

Capítulo 7

FAZER POR MERECER – UMA HISTÓRIA

Um reluzente foco de luz, na cor azul, adentra em um grande palco coberto de balões, faixas e *banners* com um logotipo bem criativo de uma grande corporação multinacional de serviços, localizada na avenida mais famosa da capital de São Paulo, a Avenida Paulista. A luz se dirigia a um púlpito, com microfone, e abaixo dele um grande e lindo arranjo de flores multicolorido.

Era um dia de comemoração, a empresa completava 35 anos de existência, aquele dia e o momento estavam perfeitos para reconhecer os colaboradores, pelo longo tempo de serviço dedicado à empresa, preparado cuidadosamente pelo Márcio Abreu, gerente de Recursos Humanos corporativo, que no verso do seu cartão de visita estampava a tradução do cargo que ocupava com orgulho na companhia: "Gestor de Gente".

De repente, a música-ambiente pára de tocar, e aos poucos os participantes se dão conta de que o som diminuíra, criando um ar de expectativa no semblante de todos. E nesse exato instante, em uma enorme tela, surgem de forma mágica imagens externas da empresa, com uma trilha sonora vibrante, passando agilmente para as dependências internas, com os colaboradores trabalhando e sorrindo. Gradual e majestosamente, surgem os artistas do dia a dia da empresa, aqueles que fazem as coisas acontecerem de verdade, criando um total interesse dos que ali estavam, com nítida ansiedade de ver o próprio rosto aparecer diante dos seus colegas de trabalho e, por alguns momentos, sentir-se a pessoa mais importante da festa e da empresa.

Faltando apenas três segundos para as imagens acabarem, viceja diante do púlpito o gerente corporativo de Recursos Humanos, criteriosamente cronometrado. Márcio havia cursado a melhor universidade de administração do Brasil e, também, participado dos mais conceituados cursos de gestão de pessoas, com facilitadores nacionais e internacionais, um currículo extenso e invejável. Sua comunicação e oratória eram um exemplo de polidez, seu terno impecável, tudo combinando, cinto com sapato, camisa com gravata, cabelo e barba muito bem aparados, e com uma inseparável caneta Monblanc no bolso da camisa.

No caminho do sucesso de Márcio contém uma história cheia de, no mínimo, interessantes acontecimentos. Nascido no bairro de Moema, em São Paulo, nos tempos em que não haviam prédios e shopping, por incrível que pareça, apenas casas térreas e um sítio de cinco hectares bem na frente da sua casa, oferecendo-lhe inúmeras aventuras rurais, como andar a cavalo e pegar, escondido, frutas no pomar do vizinho, principalmente goiabas, que adorava, em plena capital da indústria e do asfalto.

Sua família era pequena, apenas uma irmã um ano mais velha, seu pai, um humilde motorista de táxi, mas grande trabalhador, e sua mãe, a matriarca da família. Para dar o mínimo de conforto à família, o Sr. Palmiro trabalhava de domingo a domingo, que na grande maioria das vezes o impedia de comparecer às atividades escolares e esportivas de que Márcio participava, e com bons resultados, diga-se de passagem. Sua mãe, extremamente responsável, cuidava da educação e criava os dois filhos com muito esmero e carinho, mas sempre que necessário com muita energia, não vacilava em dar umas boas palmadas, em nome da boa educação, com grandes resultados para o futuro de Márcio.

O melhor momento da família era no domingo, porque o pai fazia questão que a família almoçasse junto, pois era o único momento de integração possível, e nesse dia todos esperavam com ansiedade, tanto pelo momento de união da família como pela macarronada da mama (o que era muito mais importante), feita de maneira muito italiana. O molho vermelho era preparado dois dias antes, com puro tomate, simplesmente delicioso. Sabe como é mãe italiana, gosta de ver todas as pessoas e principalmente sua família bem saudável, por isso a comida era farta. Mas havia um detalhe que Márcio aguardava, com ansiedade, nos domingos. Por volta das 10 horas, Dona Maria – sua mãe – lhe trazia na sala de estar, onde estava assistindo ao seu desenho animado preferido, um prato com pedacinhos de pão cortado e com um suculento molho de tomate espalhado por cima, quase sempre acabando em mais um pijama sujo de molho para ser

7. FAZER POR MERECER – UMA HISTÓRIA

lavado, mas isso não importava para ela, o essencial era que os filhos estivessem bem alimentados e fortes para enfrentar a vida.

A formação de caráter de Márcio veio dessa simplicidade de vida e de educação. Aprendeu cedo que para ter algo na vida seria necessário ter iniciativa, trabalhar sério e ser responsável. Com esses conceitos, aos 9 anos de idade, ele empreendeu o seu primeiro negócio: comprou uma certa quantidade de limão, embalou-os num saquinho plástico amarelo com dez unidades cada um, formatou o preço de venda e foi para o mercado, na feira de rua semanal do seu bairro, oferecendo para as donas de casa os saquinhos com limão.

Na primeira semana, observou que lhe faltava uma habilidade – a de vendedor. Com sua timidez de guri, faltavam-lhe coragem e vergonha para gritar e oferecer o seu produto para as clientes, como a tática praticada naquele mercado pelos outros feirantes e concorrentes. Assim foi a sua *aula inaugural* de gestor, entendendo que não basta apenas força de vontade, todo negócio tem de ter uma estratégia, um plano de ação, principalmente no campo da área comercial para comunicar, atrair e cativar o cliente.

Passadas seis semanas no negócio de venda de limão, em um belo dia de sol, Márcio não pôde deixar de observar os meninos que acompanhavam suas mães nas compras da feira livre, que, por coincidência, duas crianças dessas estavam pedindo, e quase implorando, para a mãe comprar, no bazar em frente à barraca de peixe, um quadrado, como é chamado em São Paulo (pandorga no RS, pipa no RJ e papagaio em MG). Foi nesse instante que aprendeu a *segunda lição* empresarial: a da observação do mercado e dos desejos/necessidades de consumo dos potenciais clientes.

Mentalmente, estruturou e mudou o seu planejamento estratégico, com a possibilidade de atuar em um novo mercado promissor, a fabricação de quadrados para filhos de madame, já que ele gostava muito de brincar de quadrado e tinha uma considerável habilidade na construção e *design* desse produto, até mesmo elogiada pelos amigos de empinar pipa da sua rua.

O potencial era enorme, mas os cálculos ficaram um pouco mais complexos, exigiam um certo conhecimento de custos, e com o exercício empírico dos custos de fabricação e a margem de lucro calculada, a *terceira lição* foi fundamental, pelo prejuízo inicial dado no seu novo empreendimento. Rapidamente, fez algumas correções de valores no preço final do seu produto, e o sucesso de vendas garantiu o objetivo que havia traçado, que era a aquisição de uma nova bola de couro de futebol, para jogar com os amigos nos fins de semana.

JEFFERSON LEONARDO

Com a venda do último modelo de diversão voadora aos filhos das madames, em um dia chuvoso, estilo garoa paulistana, fez o fechamento do caixa e constatou que ainda sobraria um dinheirinho, e orgulhoso do seu feito tomou o rumo de volta para casa, mergulhado em um grande mar de emoções, perguntando-se: o que fazer com a sobra do caixa? E mais rápido do que um relâmpago, a resposta estava lá: 50% seriam dados para ajudar nas despesas de casa e os demais 50%, entregues integralmente na mão de sua mãe, para abrir uma poupança, já pensando no futuro, mas sem deixar de dar a sua contribuição para a família, frutificando o exemplo e sábios ensinamentos de responsabilidade, passados por seu pai. E assim a *quarta lição* estava aprendida e certificada ao longo dos anos seguintes: ajudar e ser ajudado fazem parte do crescimento familiar e profissional, e poupar é uma das garantias para um futuro seguro.

Com a chegada do inverno inviabilizando temporariamente o seu negócio, Márcio, muito preocupado em manter a sua contribuição em casa e principalmente sua poupança, colocou-se a perguntar para as pessoas em que ele poderia ajudar, e, é claro, com alguma remuneração. E uma dessas perguntas foi dirigida ao seu tio, que vivia de cortar e colocar vidros nas casas e empresas dos bairros vizinhos. O tio Antenor era conhecido por muita gente e tinha muitos clientes, pois estava no ramo havia muitos anos, e por uma grande coincidência ele estava necessitando de ajuda, porque o serviço estava acumulado e os clientes estavam reclamando da demora. Foi assim que Márcio passou de empresário para empregado, colocando massa nas esquadrias, janelas e portas, preparando a colocação de vidro para os clientes, reconhecendo claramente a diferença entre ser um empresário e um empregado, ajustando-se à nova modalidade.

Com o exercício de percepção e as lições que Márcio adquiriu nos dois empreendimentos e na função de auxiliar de vidraceiro, ao completar 14 anos buscou informações sobre o mercado de trabalho na indústria com os amigos mais velhos da sua turma de futebol, que já estavam trabalhando em uma empresa há mais de um ano. A recomendação foi para tirar a carteira profissional e ir à luta. E foi exatamente o que ele fez. Sem falar nada com os seus pais, conseguiu tirar o documento profissional e foi bater na porta da maior indústria do seu bairro. Era uma empresa com três mil e quinhentos funcionários, no ramo de televisores, a primeira empresa a fabricar TV colorida no Brasil.

Com as pernas bambas, ele travou o seu primeiro diálogo profissional:

— Bom-dia, sr.!

7. FAZER POR MERECER – UMA HISTÓRIA

– Bom-dia, meu rapaz, o que você deseja? perguntou o porteiro, debruçado na janela para enxergá-lo do lado de fora.

– Eu gostaria que o sr. deixasse "eu" trabalhar na sua empresa, não sei muita coisa, mas prometo que serei esforçado e aprenderei rápido.

Sorrindo, o porteiro respondeu:

– Meu filho, eu não sou o dono da empresa, sou apenas um porteiro e cuido da segurança, e hoje não é dia de atendimento do recrutamento e seleção.

– Recrutamento? O que, Sr.!, não entendi!

– Espere um pouco, disse o porteiro. Com o telefone na mão, ele falou com uma pessoa do Departamento Pessoal, perguntando se ainda estava procurando um *office boy* para o seu setor, dizendo que estava na portaria um menino que poderia ocupar a vaga.

– Rapazinho, pegue esse crachá e siga o corredor até a segunda porta à direita e fale com o sr. Augusto, ele vai atendê-lo.

Márcio, não entendendo muito bem o que estava acontecendo, sequer sabia o que fazer com o crachá que recebera pela primeira vez. Agradeceu ao porteiro e, determinado, se encaminhou para o local indicado, encontrando um senhor muito educado e gentil, que, com diversas brincadeiras na conversa, fez uma entrevista adequada a um inexperiente futuro profissional, deixando-o muito à vontade.

Para sua surpresa, no final da conversa, Márcio quase saindo da sala, o sr. Augusto falou:

– Márcio, você poderia começar na segunda-feira, mas seu pai ou sua mãe terá que vir aqui assinar os documentos, pois você é menor de idade e eles têm que autorizar, você entendeu?

– Sim senhor, Márcio respondeu, gaguejando, achando que aquilo não poderia estar acontecendo.

Ao sair pela portaria, ainda atordoado com o acontecido, despediu-se e agradeceu novamente ao amável porteiro, quando, aproximadamente a cinco metros, já do lado de fora, o porteiro grita:

– Menino! Menino! Por favor me devolva o crachá, ele não pode ficar com você, é da empresa!

Envergonhado, Márcio voltou rapidamente e pediu desculpas, e esclareceu que estava muito contente, pois começaria a trabalhar na segunda-feira. Com um grande sorriso, o porteiro lhe deu os parabéns, ficando com um semblante de satisfação no ar.

De volta para casa, sem ter a mínima idéia, ficou pensando como seria o seu primeiro dia de trabalho, o que ele aprenderia e o que faria na empresa. Mas, por alguns segundos, tranqüilizou-se, acreditando que com esforço e força de vontade tudo daria certo.

Repentinamente, uma explosão de preocupação pairou sobre os seus pensamentos. Lembrou que fizera tudo sozinho, tirou a carteira profissional e estava com um emprego para iniciar na segunda-feira, e que a sua família não sabia de nada. Como seria a reação da sua mãe? E como seu pai entenderia o que ele tinha feito? Como explicaria tudo o que estava acontecendo? E se eles não aprovassem, porque tinha apenas 14 anos de idade? Como ficaria o sr. Augusto? Caminhando, percebeu que a única maneira de ter todas as respostas seria falar o mais breve possível com sua mãe, e passou a andar mais rápido, e na esquina da sua casa foi correndo para chegar logo lá.

D. Maria, ao receber a notícia, ficou sem falar por alguns segundos. Anos depois, ela confessou que naquele dia se deu conta de que o seu filho querido não era mais uma criança e que tinha vontades próprias, com atitudes dignas, responsável e com coragem para enfrentar a vida. Muito orgulhosa, disse:

– Meu filho, estou muito contente, você fez tudo sozinho! Seu pai vai ficar orgulhoso de você, mas o seu emprego não poderá atrapalhar os seus estudos de jeito nenhum, certo?

– Obrigado, mãe, eu estava com medo de que a senhora não gostasse do que eu tinha feito, mas eu quero trabalhar, ganhar um dinheirinho para ajudar aqui em casa, para as coisas melhorarem para nós e também para os meus estudos.

Márcio ficou muito tranqüilo e pôde curtir a sua primeira conquista, aprendendo a sua **quinta lição**. Tratava-se da comunicação e que não adianta sofrer por antecipação; haja o que houver, é sempre melhor falar a verdade e não esperar para dizer o que tem de ser dito, mesmo que tenhamos medo. Com sua determinação, dedicação e muita força de vontade, fez um início de carreira brilhante. Em cinco meses passou, de certa forma, a liderar e distribuir as tarefas para os demais *office boys* da empresa, facilitando os itinerários e racionalizando os serviços externos.

Sua escalada na empresa foi ascendente, para auxiliar de Departamento Pessoal e, em seguida, para assistente no mesmo departamento, sempre sobre o comando e aprendizado do seu mestre, o sr. Augusto.

7. FAZER POR MERECER – UMA HISTÓRIA

Seu tutor recebera uma proposta para trabalhar em uma grande empresa multinacional, e não teve dúvidas; após ter passado a experiência, chamou Márcio para trabalhar com ele, mas já com o cargo de supervisor de folha de pagamento. O salário era maior, os benefícios mais atrativos, e um degrau mais alto estava lá para ser escalado em sua carreira.

Assim aconteceu um momento importante em sua vida profissional: deixou a empresa que lhe dera a primeira oportunidade de emprego, com dor no coração, e decidiu aceitar a proposta do sr. Augusto, novamente o seu gerente, mas em outra organização, e desta vez um grupo com mais de 400 empresas pelo mundo, com grandes oportunidades e expectativas de novos aprendizados e crescimento.

Márcio, já com 20 anos, desenvolveu um excelente trabalho, mas constatou que seria muito difícil superar em conhecimentos e habilidade o seu mestre, e que ele estava muito bem posicionado, por seus méritos e dedicação, a mesma receita que ele havia ensinado a Márcio. Lembrando de suas lições no mercado de feira livre, Márcio repensou o seu planejamento estratégico, e verificou que necessitava de uma nova tomada de decisão para a sua carreira, mas tinha uma enorme gratidão pelo sr. Augusto, mentor de sua vida profissional por diversos anos, além de ser um bom amigo e companheiro, praticamente o segundo pai, mas muito mais presente em sua vida, em razão das longas horas de trabalho e dedicação do seu pai para a sobrevivência da família.

Nessa revisão de futuro, enxergando que demoraria muitos anos para alcançar o cargo de gerência, pela eficácia do sr. Augusto, veio a *sexta lição*: a importância da tomada de decisão. Mesmo que existam variáveis desconfortáveis, o líder deve tomar a frente e decidir-se sobre o que é melhor. Com isso, Márcio remontou o seu currículo e desenhou uma tática de busca de novas oportunidades.

Por vários dias, Márcio ficou triste, pensativo, angustiado e com um aperto no coração muito grande. Ao voltar da universidade, sua mãe lhe entregou um telegrama, que havia chegado na parte da manhã. Pensou que seria algum retorno dos currículos enviados, mas não se tratava disso. No telegrama estava escrito:

"Márcio, tio Humberto faleceu, enterro amanhã 18 horas – Gramado/RS – o circo lhe espera".

Não entendendo bem o telegrama, mostrou à sua mãe, e logo ela começou a chorar, explicando em lágrimas que era um dos 12 irmãos do seu pai.

– Ele o conheceu bebê, e também é seu padrinho de crisma, e você com certeza não se lembra dele, era muito pequeno, mesmo porque o tio Humberto não tinha lugar fixo para morar, pois tinha um circo e ficava perambulando por todo o Brasil, mas seu pai sempre falava com ele por telefone, eram muito unidos quando criança. Você sabe que seu pai perdeu o seu avô e sua avó muito cedo, quase ele mesmo não os conhecera, o seu tio Humberto praticamente ajudou a criá-lo, pois é o mais novo da família.

D. Maria, um pouco mais confortada, pediu a Márcio que aguardasse seu pai chegar para lhe dar a pesada notícia. Por volta das 21 horas, horário que normalmente o sr. Palmiro chegava em casa, adentrou no apartamento da Vila Mariana, com o seu jeito peculiar, costas encurvadas, andar macio e com paciência, sem demonstrar o cansaço do seu longo dia de trabalho, que iniciava às 7 horas, beijou a sua esposa e logo percebeu que tinha algo no ar, e perguntou:

– Benzão – assim era como ele chamava d. Maria – tem alguma coisa errada?

– Sim, querido, a notícia não é boa, vamos nos sentar, é com o seu irmão Humberto, ele não está bem, mandou um telegrama para nós.

– Mas o que está havendo, você está chorando, benzão!

– Sinto muito, mas ele faleceu ontem, e não sabemos direito o que ocorreu, o telegrama não diz muita coisa.

O sr. Palmiro lê o telegrama e logo conclui que já sabia que, mais cedo ou mais tarde, receberia essa notícia, somente ele sabia que seu irmão estava doente, e em diversas ligações Humberto perguntava ao seu irmão mais novo como ficaria o circo, quem tomaria conta dele na sua ausência, por isso que o telegrama veio em nome de Márcio.

– Como assim? – perguntaram juntos em um único som d. Maria e Márcio, tudo acompanhado em silêncio pela Rose, sua irmã.

– É que toda vez que Humberto falava com quem o circo deveria ficar, eu dizia que seria com o Márcio, para confortá-lo, e sempre dizia como estava indo bem a sua carreira e que você já estava na metade do curso de administração.

– Pai!, mas é um circo, e não tem lugar fixo, ele está e será enterrado em Gramado, no Rio Grande Sul, são mais de 1.400 quilômetros de distância, o que faremos?

7. FAZER POR MERECER – UMA HISTÓRIA

Um profundo silêncio se instalou na sala de estar, quebrado pela decisão do sr. Palmiro.

– Arrumem as malas, vamos até lá para o enterro, saímos daqui a uma hora.

Sem questionar, todos saíram da sala e foram fazer as suas malas para a viagem. Sem descanso, o sr. Palmiro e a família chegaram a Gramado, mas infelizmente não a tempo de participar do enterro do irmão. Perguntaram a um morador da região em que local estava armada a tenda do Circo Humbertus. Com uma simples indicação, que era fácil em uma cidade pequena, chegaram rapidamente e se apresentaram aos artistas que estavam acordados naquele momento. Com a explicação dada da *causa mortis*, pelos funcionários do circo, foi constatado o que havia falado o humilde motorista na sala de estar, a doença progrediu e a perda foi inevitável.

José Carlos, o fiel e mais devotado funcionário do circo, cuidava das compras, das finanças e da logística de transporte e percebeu que a família não havia dormido e ofereceu o seu ônibus, dizendo que dormiria nos aposentos do equilibrista do circo.

Na manhã seguinte, José Carlos bateu na porta do ônibus informando que o café estava servido, na cabana ao lado da bilheteria. Todos os funcionários e artistas do circo estavam lá, com ansiedade para conhecer a família, mas principalmente Márcio, aquele que o sr. Humberto informou que seria o novo dono e herdeiro do negócio.

Em quinze minutos, todos da família entraram na cabana e José Carlos fez as honras da casa, apresentou primeiramente o sr. Palmiro, depois d. Maria e Rose, e por último Márcio, com um breve comentário:

– Bem, artistas e funcionários do Circo Humbertus, apresento a vocês o nosso novo líder, o sr. Márcio Abreu. É claro que todos nós estamos tristes com a perda do nosso amigo e patrão, mas também gostaria de lembrar-lhes quantas vezes ele comentou sobre a sua família, seu irmão preferido aqui presente e, principalmente, o seu sucessor, que estava sendo preparado e quase se formando em administração. Tínhamos ciência da sua enfermidade, e que mais cedo ou mais tarde, ele estaria no circo mais especial de todos, o circo do céu, como também o seu constante pedido de continuidade da arte circense, que me fez prometer por mais de uma dezena de vezes em nossas longas conversas.

Ordenou-me que apenas no dia do seu enterro o circo ficasse fechado ao público, mas no dia seguinte deveria ser aberto, repetindo a sua frase célebre, entoada com vigor e coragem: "O show deve continuar".

Sr. Márcio, todos nós estamos preparados e convictos para continuar o nosso espetáculo, seja bem-vindo, por isso passo a palavra para o senhor.

O sucessor e novo líder do circo ficou por quase um minuto mudo, sem saber o que dizer, e todos os funcionários ficaram olhando para ele, sem piscar, quando seu pai rompeu o silêncio e disse:

– Meu filho ainda está chocado com a morte do seu tio, na verdade ele não sabia muito bem a gravidade da sua doença e estava se preparando para novos desafios em São Paulo. Vamos tomar o nosso café, afinal saco vazio não pára em pé, temos uma apresentação esta noite, e como dizia o meu irmão, o show deve continuar.

Logo o barulho dos talheres, xícaras e sussurros estava no ar, com um relativo alívio no ambiente. Bem pertinho do ouvido de Márcio, o seu pai murmurou:

– Fique tranqüilo, Márcio, tudo vai dar certo. Depois conversamos com calma e te explico detalhe por detalhe de tudo que sei.

Quando todos saíram da cabana do café, o sr. Palmiro convidou o filho para dar uma volta no circo, e durante a caminhada, de forma carinhosa e cuidadosa, foi explicando como eram as conversas com o seu irmão pelo telefone:

– Filho, a única forma que encontrei para confortar o seu tio, diante da sua incurável enfermidade, foi alimentá-lo com a esperança de que o circo continuaria nas mãos da família, e que você seria o seu sucessor, porque estava estudando e com um crescimento profissional que nos dava muito orgulho. O circo era a sua vida, a sua paixão, nada mais era tão importante para ele, o show e a vida livre e sem parada eram o que ele mais amava.

Muitas vezes, tentei trazê-lo para São Paulo, para um emprego fixo, ele até aceitou por duas vezes, somente para não me deixar triste. A primeira vez se empregou em uma fábrica de vidros, como cortador, indicado pelo seu tio Antenor, e a segunda como feirante, junto comigo. Foi a época em que tivemos uma barraca na feira livre, vendíamos frios, fiambres, queijos, presunto, essas coisas. Quando ele não agüentou mais a vida rotineira, vendemos a barraca, eu virei taxista, e ele foi ser palhaço de um pequeno circo no interior, nem me lembro o nome.

- Pai!, mas eu não entendo nada de circo, sei trabalhar no setor de Recursos Humanos! Justamente agora que tomei a decisão de procurar outra empresa para continuar crescendo, eu não mereço isso!

- Márcio, você merece tudo de bom que este mundo possa lhe oferecer, até aqui você se mostrou um filho exemplar, um bom estudante e principalmente um profissional de qualidade. Quem sabe você poderia administrar o circo, torná-lo um negócio profissional, no futuro ter um bom gerente e conduzi-lo a distância?

Seu pai não havia sequer terminado o primário, como se falava naquela época, hoje ensino fundamental, escrevia pouco e mal, mas lia todos os dias o jornal "A Folha de S. Paulo", estava sempre bem informado, e gostava muito de debater os temas duvidosos e atuais com os seus colegas no ponto de táxi. Com esse jeito e estilo de saber das coisas, ganhou o apelido de *"professor"*, dado pelos outros taxistas, que ele incentivava com um certo orgulho. A experiência de vida e a leitura deram-lhe o discernimento, razão da sua ótima sugestão de solução do problema oferecido para Márcio.

Márcio, indignado com o que estava vendo à sua volta, falou:

- Pai, veja o circo, ele está acabado, tudo aqui é muito velho, quase destruído. Os ônibus e caminhões estão, praticamente, condenados, mal irão conseguir fazer uma viagem de 50 quilômetros! Os animais são poucos e também me parecem velhos, vão morrer logo. Com isso nós ficaremos com menos atrações, e com dificuldades de chamar a atenção das crianças, que devem ser o principal cliente desse negócio. Dê uma olhada na lona, isso não é lona, é um monte de remendos! Você viu as caras dos funcionários, não me pareceram grande coisa, acho que não sabem fazer nada bem, quanto mais espetáculo!

O pai, novamente com a sua inteligência, percebeu que de certa forma ele estava falando como tivesse que enfrentar o problema, já fazendo uma pequena análise sobre o assunto. Em um certo momento, Márcio falou: *"com isso nós ficaremos..."*, sendo o suficiente para deixar a conversa continuar em outro momento. Pediu que o filho continuasse a caminhada sozinho e orientou-o para falar com algumas pessoas, porque ele necessitava ir ao banheiro com urgência, estratégia genialmente utilizada.

A caminhada não durou muito, porque tudo era pequeno diante das grandes empresas nas quais Márcio estava acostumado a trabalhar. Mas seguiu a orientação do pai, e dialogou com algumas pessoas que encontrara trabalhando, arduamente; sentando na arquibancada, que rangia a cada balançada de perna, uma característica marcante de Márcio, principalmente quando estava ansioso, os pensamentos eram muitos, e sem respostas, o que era pior. Mas já estava admitindo como seria falar para o sr. Augusto, seu gerente, do seu afastamento, mas de qualquer forma ele teria de falar um dia, pois tinha a determinação de buscar novas oportunidades.

Sabia que teria de tomar uma decisão difícil, antes que seu pai retornasse, com a ciência de que ele não poderia ficar mais que dois dias na cidade de Gramado, seu trabalho era o sustento da casa, a autorização para taxiar seria somente em São Paulo.

Havia uma curiosidade, até poderia ser chamada de cacoete. Seu pai todos os dias à noite fazia a sua contabilidade, contava o dinheiro da féria do dia e anotava em uma caderneta, para ver se a meta diária estaria cumprida para pagar as contas no fim do mês. Caso a meta não fosse atingida, a solução era aumentar a carga horária no sufocante trânsito da capital paulistana; muitas vezes, ele chegava em casa um pouco antes da meia-noite, mas no dia seguinte, às 7 horas, lá estava ele firme e forte. Sempre falava para a família que os compromissos deviam ser honrados e cumpridos, e que a palavra de uma pessoa deve valer mais do que um contrato escrito.

E refletindo sobre esses ensinamentos, Márcio decidiu cumprir a palavra do seu pai junto ao seu irmão querido, lembrando de suas aulas de administração, ministradas pelo admirado e respeitado professor de TGA (Teoria Geral de Administração), Harley Trench, que seria necessário desenvolver um método de diagnóstico para avaliar a real situação do negócio, analisando sua viabilidade e as ações urgentes a serem implementadas.

Com a tomada de decisão e sua determinação costumeira, procurou seu pai e reuniu a família toda, para anunciar que assumiria o desafio, e que jamais deixaria a palavra do seu pai empenhada, mais uma vez surpreendendo com o seu carisma e senso de responsabilidade, mas deixando d. Maria muito preocupada, pois o filho querido não estaria mais por perto, por isso pediu-lhe que ligasse sempre que pudesse para dar notícia e deixá-la tranqüila.

Rose, sua irmã, ficou engajada com a decisão, e lhe desejou sorte; seu pai lhe deu um grande abraço com a mensagem de que confiava nele e acreditava que tudo, no final, daria certo. E assim retornaram em uma longa

7. FAZER POR MERECER – UMA HISTÓRIA

viagem, por estradas de grande perigo, com diversos trechos em obras e esburacadas. Márcio ficou preocupado, e orientou ao pai que fosse devagar e tomasse muito cuidado, e ao chegar em casa ligasse para ele.

A partir desse momento, Márcio assumiria a empreitada, com a certeza de que não seria fácil, passando a narrar a sua própria história de *Fazer Acontecer e Fazer por Merecer*.

"Fiquei olhando o carro do meu pai com a minha família se distanciando, com o desejo de correr atrás e pedir que ficassem para me ajudar, mas sabia que não seria correto, afinal eu tinha dado a minha palavra e a responsabilidade estava apenas iniciando. Em poucos segundos, já não mais os avistava; fiz uma breve oração pedindo a Deus que os acompanhasse, iluminando todo o caminho até chegarem em casa.

Retornando para o ônibus, com o propósito de colocar no papel os passos para o diagnóstico, encontrei testando um equipamento de som com um microfone, mesa de 12 canais e um enorme fio, o José Carlos, braço direito do meu tio; imediatamente comentei com ironia:

– Você vai cantar no show de hoje à noite?

– Não, respondeu com um sorriso nos lábios. Estou testando o equipamento de som, ele algumas vezes falha, principalmente quando chove muito, como nos últimos três dias. Na verdade, meu rapaz, esse também é um instrumento do meu trabalho aqui no circo, sou o mestre de cerimônias. Sou eu quem anuncia o espetáculo, as atrações e faço o encerramento junto ao público.

– José, estou surpreso, quantas atividades e responsabilidades você tem! Você deve saber como tudo começou, afinal você e o meu tio iniciaram juntos o circo, há mais de 12 anos. Se você tiver uns minutinhos, conta essa história para mim?

– Meu jovem rapaz, que boa pergunta você está fazendo! Terei um imenso prazer em lhe contar, mas se você me permitir, gostaria de contar desde o início, ou seja, desde o surgimento do circo no mundo. Assim você irá compreender a nossa filosofia e a nossa missão circense.

Fiquei atento e muito curioso para escutar essa história. E algo me soou semelhante; como a filosofia, a missão e os valores da empresa em que estava trabalhando, a qual não entendia muito bem, o porquê de esses assuntos serem repetidos a todo momento para nós, e como eu era um líder, tinha o dever de repetir seguidamente para a minha equipe, em todas as oportunidades que fosse possível, mesmo não sabendo direito o significado daquelas palavras todas da missão, visão e valores.

– Bem, Márcio, a história da verdadeira origem do circo tem algumas controvérsias[1]. Pode-se dizer que as artes circenses surgiram na China, onde foram descobertas pinturas de quase 5.000 anos em que aparecem acrobatas, contorcionistas e equilibristas. A acrobacia era uma forma de treinamento para os guerreiros, de quem se exigiam agilidade, flexibilidade e força. Com o tempo, a essas qualidades se somaram a graça, a beleza e a harmonia para apresentações.

Em 108 a.C., houve uma grande festa na China, em homenagem a visitantes estrangeiros, que foram brindados com apresentações acrobáticas surpreendentes. A partir daí, o imperador decidiu que todos os anos seriam realizados espetáculos do gênero durante o Festival da Primavera.

Nas pirâmides do Egito existem pinturas de malabaristas e paradistas. Nos grandes desfiles militares dos faraós se exibiam animais ferozes das terras conquistadas, caracterizando os primeiros domadores. Na Índia, os números de contorção e saltos fazem parte dos milenares espetáculos sagrados, junto com danças, música e canto.

Na Grécia, as paradas de mão, o equilíbrio mão a mão, os números de força e o contorcionismo eram modalidades olímpicas, com os sátiros fazendo o povo rir, dando continuidade à linhagem dos palhaços. No ano 70 a.C., em Pompeia, havia um anfiteatro destinado a exibições de habilidades incomuns. O Circo Máximo de Roma apareceu pouco depois, mas foi destruído em um incêndio; no mesmo local foi construído o Coliseu, onde cabiam 87 mil espectadores. Lá eram apresentadas excentricidades, como homens louros nórdicos, animais exóticos, engolidores de fogo e gladiadores, entre outros.

Entre 54 e 68 d.C., as arenas passaram a ser ocupadas por espetáculos sangrentos, com a perseguição aos cristãos, que eram atira-

---

[1] Fonte: Alice Viveiros de Castro e Antônio Torres. *http://www.circotrapezio.hpg.ig.com.br/historiacirco.htm*

dos às feras, o que diminuiu o interesse pelas artes circenses. Os artistas passaram a improvisar suas apresentações em praças públicas, feiras e entradas de igrejas, sendo que, durante séculos, em feiras populares, barracas exibiram fenômenos, habilidades incomuns, truques mágicos e malabarismo.

No século XVIII, vários grupos de saltimbancos percorriam a Europa, especialmente a Inglaterra, França e Espanha. Eram frequentes as exibições de destreza a cavalo, combates simulados e provas de equitação. O primeiro circo europeu moderno, chamado Astley's Amphitheatre, foi inaugurado em Londres, por volta de 1770, por Philip Astley, um oficial inglês da Cavalaria Britânica, construído com um picadeiro, uma espécie de arquibancada perto do público.

Com o sucesso, em seu lugar foi construído um anfiteatro suntuoso e fixo, pois ficaria permanentemente no mesmo lugar, organizando um espetáculo eqüestre, com rigor e estrutura militares, mas ele percebeu que para segurar o público, teria que reunir outras atrações, e juntou saltimbancos, equilibristas, saltadores e palhaço. O palhaço do batalhão era um soldado camponês, o nosso caipira, que não sabia montar, entrava no picadeiro montado ao contrário, caía do cavalo, subia de um lado, caía do outro, passava por baixo do cavalo. Como fez muito sucesso, começaram a se desenvolver novas situações e números diferentes. Ao longo dos anos, Astley acrescentou saltos acrobáticos, dança com laços e malabarismo.

Esse primeiro circo funcionava como um quartel; os uniformes, o rufar dos tambores, as vozes de comando para a execução dos números de risco. O próprio Astley dirigia e apresentava o espetáculo, criando assim a figura do mestre de cerimônias. Uma curiosidade é que Phineas T. Barnum, um famoso apresentador de circo em Nova York, foi o primeiro a dizer "o maior espetáculo da Terra", até hoje utilizado para iniciar o espetáculo circense.

No Brasil, mesmo antes do circo de Astley, já havia os ciganos que vieram da Europa, onde eram perseguidos, havendo uma forte ligação deles com o circo. Entre suas especialidades, incluíam-se a doma de ursos, o ilusionismo e as exibições com cavalos, com relatos de que eles usavam tendas e nas festas sacras havia bagunça, bebedeira e exibições artísticas, incluindo teatro de bonecos. Eles viajavam de cidade em cidade, e adaptavam seus espetáculos ao gosto da população local.

O circo brasileiro tropicalizou algumas atrações. O palhaço brasileiro falava muito, ao contrário do europeu, que era mais mímico, por demais conquistador e malandro, seresteiro, tocador de violão, com um humor picante. O público também apresentava características diferentes: os europeus iam ao circo apreciar a arte; no Brasil, os números perigosos eram as atrações principais como: trapézio, animais selvagens e ferozes.

– Nossa, José, eu não sabia de nada disso, como você sabe todas essas coisas?

– Ah! garoto, é muito importante a gente saber a história e a origem das coisas, ela nos dá uma boa orientação dos fatos e o grau de importância e complexidade sobre o assunto. Muitas vezes, achamos que é muito simples alguma coisa, é só pegar e sair fazendo, achando que conhece tudo, mas na verdade existem fundamentos profundos, há muita emoção e sensibilidade das pessoas que se envolveram na construção de algo novo e duradouro, principalmente quando se fala no campo da arte.

– Realmente, José, a primeira impressão que tive do circo como um negócio é que era um assunto muito simples, bem mais descomplicado do que as empresas em que já trabalhei!

Mas José, sem perceber, me deu uma aula incrível, e o mais importante era entender que tudo tem uma origem, uma história e filosofia, e, antes de sair fazendo alguma coisa, deve-se parar e analisar o tema um pouco mais profundamente. Com isso, comecei a entender um pouco melhor o porquê e a importância das empresas em escrever a sua filosofia organizacional. A missão nos dá a importância e a razão de ser da empresa; a visão, um claro caminho de aonde a empresa quer chegar; e os valores são os comportamentos e atitudes que a empresa irá valorizar se forem praticados no dia-a-dia da organização. Mais uma *lição* aprendida, se não perdi a conta, a *sétima*.

– José, você me contou e foi muito importante a origem do circo, mas agora gostaria de saber como nasceu o nosso Circo Humbertus?

– Sim, seria a segunda etapa do nosso assunto. Me lembro como se fosse ontem. Seu tio e eu quando crianças brincávamos de circo, com a nossa turma, colocando uma velha coberta rasgada entre duas cadeiras; fazíamos espetáculos para os vizinhos e os nossos pais. Nossas vidas tomaram rumos diferentes, como é muito comum ao sair da adolescência; ficamos muito tempo sem nos ver, mas há 12 anos, por coincidência, nos encontramos em um baile, ambos com o propósito de arrumar uma namorada. Ali ficamos até as quatro horas da madrugada. Lá pelas tantas, com um forte teor alcoólico, lembramos dos tempos em que éramos artistas de circo, e confessamos um ao outro o enorme desejo de um dia realizar esse sonho. Foi aí que fizemos um pacto, aqueles papos de gente bêbada, que no próximo ano iríamos sair dos nossos empregos e montar um circo, com isso conhecer o mundo, da forma mais divertida possível e imaginável que um artista poderia realizar.

É claro que tudo isso estava esquecido por mim no dia seguinte, após uma ressaca inesquecível; mas para minha surpresa, num dia escuro com ameaça de temporal do mês de março do ano seguinte, na frente da saída do meu trabalho, lá estava o seu tio me esperando. Fiquei preocupado, e logo lhe perguntei se havia ocorrido alguma coisa grave, e ele, com a costumeira simplicidade, me respondeu:

– Nada disso, caro José, estou aqui para cumprir o nosso pacto.

– Está louco, Humberto, que pacto? O que é isso? Não estou te devendo nada, pelo que me lembro!

– Me deve sim, José, podíamos estar quase bêbados aquele dia, mas fizemos um pacto e meu pai me ensinou que toda palavra deve ser cumprida, por isso pedi as minhas contas na empresa e fui procurar um circo que estava à venda, anunciado no jornal do último domingo. Peguei tudo que ganhei na minha rescisão e mais uns trocados que tinha na poupança e dei de entrada no negócio.

Pois é, temos um circo agora, ele está na cidade de Águas de São Pedro, interior de São Paulo, a mais ou menos duas horas e meia daqui. Vamos assumir a partir do primeiro espetáculo de abril, certo?

– Você deve estar louco, Humberto! Ah... acho que me lembro desse assunto, foi no dia do nosso reencontro no baile, mas nós estávamos completamente bêbados; não é possível que você tenha levado isso a sério!

– Meu velho amigo, tudo que falo é pra valer. Já comprei as passagens para amanhã, pois será sábado e você não trabalha, certo? Aliás, você tem que pedir as suas contas o mais rápido possível, José!

Fiquei pensando, essa coisa de ter e cumprir a palavra faz parte da família, é quase uma cultura dos Abreu. Que pena esse tipo de cultura não estar tão em moda como antigamente. Por poucos segundos deixei de escutar o que José estava falando, e me dei conta de que era importante não perder o fio da meada; pedi desculpas a ele pela distração e, gentilmente, solicitei para recomeçar do momento em que o meu tio havia quase cobrado para ele pedir as contas na empresa e ir direto para o circo.

– Ok, Márcio, entendo que você está recebendo muita informação ao mesmo tempo. Resumindo, depois de muita insistência do seu tio, aliás uma de suas grandes qualidades, não desistir facilmente de nada, pegamos o ônibus e fomos no primeiro horário da tarde para Águas de São Pedro, a tempo de assistir ao espetáculo da noite. Foi exatamente o que aconteceu, fomos muito bem recebidos pelo ex-proprietário (sim *"ex"* porque o seu tio já havia depositado a entrada do contrato de compra e venda). Lá dentro da lona se escutava *"respeitável público..."*, por uma voz firme e vibrante, anunciando o começo do espetáculo. Rapidamente, o ex-proprietário nos levou a duas cadeiras, de frente para o picadeiro, com uma placa de reservado, sinal de gentileza e desejo de bons negócios.

A arquibancada estava lotada, as crianças eufóricas, com a entrada do palhaço, com muito humor e risos dos adultos e crianças. Durante as apresentações, eu imaginava como seria trabalhar em um circo de verdade, e no final do espetáculo não havia mais dúvida, a decisão estava tomada, apertei a mão do seu tio e disse:

– Amigo Humberto, negócio fechado. Na segunda, vou pedir as minhas contas, e iremos rodar esse mundão que Deus nos deu. Foi assim que tudo começou. Realizamos o espetáculo mais três semanas em Águas de São Pedro, uma cidadezinha pequena, mas muito hospitaleira, seguimos o roteiro que já estava projetado até o fim do ano pelo ex-proprietário. Seu tio era muito organizado, e gostava de colocar as coisas no papel, planejando tudo que estava ao seu alcance, cuidando de todos os detalhes, incansavelmente.

Ficou claro para mim mais um componente da cultura familiar dos Abreu, era também a determinação para fazer as coisas acontecerem. Como um relâmpago lembrei-me do início da minha carreira de empresário, vendendo limão e pipa na feira livre, e fiz uma pequena correlação sobre a força da determinação da família, seu estilo de planejamento e organização, acho até mesmo que isso está no nosso sangue, coisa de DNA.

Quando José contou a sua decisão de pedir as contas na empresa em que trabalhava, lembrei-me do sr. Augusto, e em seguida pedi licença ao José, dizendo:

– Isso tudo me fez lembrar que tenho de resolver a minha situação na empresa que estou trabalhando. Peço sua licença, José, mas tenho de fazer uma ligação para São Paulo, obrigado por sua paciência e dedicação, foi muito proveitosa a sua história, não a esquecerei tão cedo.

No meio do caminho até o orelhão, em frente à bilheteria, estrategicamente colocado, lembrei da minha primeira experiência de comunicação, quando tinha de contar para os meus pais que havia arrumado um emprego. A mesma estratégia deveria ser usada: explicar ao amigo e gerente Augusto tudo que estava acontecendo, e principalmente a responsabilidade que assumi, em nome da família, pedindo a ele mais uma orientação, das muitas que já havia me dado ao longo da nossa convivência, e sempre com a razão da sua experiência.

Fiz a ligação, e a nossa telefonista passou em um segundo para o sr. Augusto, que de imediato mostrou-se preocupado comigo e com a minha família, por ser uma pessoa muito humana e querida por todos na empresa. Expliquei toda a história a ele, e percebi que estava escutando atentamente, e ao terminar pedi-lhe que me orientasse e procurasse entender o que estava acontecendo, demonstrando a ele todo o carinho, respeito e reconhecimento por tudo que fez por mim. Depois de vários minutos, somente eu falando, o sr. Augusto me fez apenas duas perguntas ao mesmo tempo:

– Márcio, você tem certeza da sua decisão? E com isso você estará feliz?

A minha resposta foi firme e forte.

– Sr. Augusto, tenho certeza da minha decisão, vou honrar a palavra do meu pai, mas, se essa nova oportunidade me deixará feliz, eu realmente não sei lhe responder. O senhor mesmo me ensinou a enfrentar os desafios e não deixar me abater pelos obstáculos, pois é, amigo, vou continuar seguindo os seus ensinamentos aqui e para o resto da minha vida.

Ele ficou por um segundo sem falar nada, até achei que a ligação havia caído, quando eu escuto novamente a sua voz me dizendo:

– Fique tranquilo, darei um jeito por aqui, faremos a sua rescisão a distância, tudo pelo correio, você sabe bem como tudo isso funciona, vá em frente, siga o seu destino, e nunca esqueça dos amigos. Qualquer coisa que você precisar me ligue. Desejo-lhe sucesso.

Ufa! Que alívio! Não dá para imaginar como me senti após desligar o telefone, o sr. Augusto foi mais uma vez incrível, realmente um segundo pai e um grande mestre. Agradeço a Deus por ter me abençoado colocando essa pessoa no meu caminho, em quem até hoje me espelho e lembro com muito carinho. Nesse instante, eu escuto um badalar de sino e uma pessoa gritando *"a boia está pronta, pessoal"*. Era a contorcionista e também cozinheira do circo, não me lembrava o nome dela, mas de qualquer forma, a agradeci pela chamada, e sentei-me com a equipe para o almoço, fazendo questão de ficar ao lado de José, isso me deu um pouco mais de segurança.

No meio do almoço, entre uma garfada e outra, José fez uma revelação:

– Sabe, Márcio, o seu tio conhecia como a palma da sua mão todas as pessoas que estão aqui. Sabia quando alguém tinha algum problema só de olhar, sem contar que ele sabia fazer um elogio como nunca vi na vida, por isso as pessoas o amavam e tinham um respeito muito grande por ele. Lembro-me bem o que ele fez no primeiro dia que assumiu o circo, lá naquele interior de São Paulo. Programou uma reunião com todos e disse:

– Olá, pessoal, eu e José tínhamos um sonho de criança, e ele agora está realizado, somos sócios nesse negócio, mas isso não quer dizer nada para mim, gostaria de conhecer um por um de vocês, e fazer desse circo uma grande família; por isso gostaria de, antes de mais nada, falar com vocês amanhã, individualmente, para que me conheçam, e eu a vocês.

José continuou a tecer outros comentários, mas confesso que não escutei mais nada, fiquei pensando: posso fazer isso também, exatamente como o meu tio, conversar individualmente com os novos colegas de trabalho, com os mesmos objetivos que ele teve naquela época. Interrompendo bruscamente o José, disse:

– José, é isso mesmo, vou fazer exatamente isso, você me deu uma grande ideia!

7. FAZER POR MERECER – UMA HISTÓRIA

– Fazer o quê, Márcio? Ideia de quê? Não entendi nada!

– Amanhã de manhã vamos reunir todos os funcionários e fazer uma reunião, e combinarei com eles um bate-papo para nos conhecermos, exatamente como fez o meu tio; o que você acha?

– Acho fantástico, rapaz, o pessoal ficará muito feliz e você terá uma ótima reciprocidade, faça isso, te darei o maior apoio!

Não conseguia dormir, só pensando como seria o dia seguinte, o que poderiam me perguntar, como deveria ser a aproximação com a equipe e o que exatamente eu gostaria de saber. Fiquei sem muitas respostas, mas estava muito entusiasmado, e decidi deixar o meu instinto falar mais forte, compreendendo que a conversa poderia rolar naturalmente, porque na *"hora H"* tudo daria certo, e eu sempre tive uma certa habilidade em entrevistas. E assim consegui dormir profundamente.

Na manhã do outro dia, no integrativo café da manhã, pedi gentilmente a atenção de todos e coloquei de forma participativa a idéia de nos conhecermos, através de um bate-papo, que faria conforme as possibilidades de cada um, não atrapalhando as tarefas e atribuições do dia a dia, e pude constatar que realmente José tinha razão, a equipe demonstrou muito interesse e se colocou totalmente à disposição. Todos terminaram o seu café e foram para a lida.

Para ter uma certa lógica e evitar qualquer intenção de preferência, decidi que iniciaria pelo mais novo colaborador da equipe, até o mais antigo, que seria o José. Mesmo porque, já havia falado bastante com ele, e a turma toda acompanhou o nosso diálogo a distância, e essa atitude seria muito simpática, dando a entender que todos seriam importantes e que o meu trabalho estaria embasado no tratamento de igualdade entre a equipe. Foi nesse instante que fiz o meu primeiro pedido administrativo:

– José, por favor, me dê uma lista com os nomes de todos com a data de entrada no circo de cada um.

Em menos de dez minutos a lista estava na minha mão, como uma demonstração de organização, o que me deixou um pouco mais confortável, imaginando que possivelmente um bom nível de organização administrativa existia no circo, o que facilitaria o meu trabalho de análise dos números e viabilidade do negócio, no futuro próximo.

A primeira da lista era a contorcionista, aquela que fazia a chamada do almoço todos os dias; seu nome era Yolanda, filha do equilibrista, casado com a Monsse, assistente de palco do marido, de origem espanhola, há muitas gerações no mundo circense e da ginástica olímpica. Atravessei o picadeiro e lá estava a Yolanda, fazendo os seus exercícios físicos de alongamento e aquecimento do seu número. Não pude deixar de observar a sua beleza e meiguice, com traços europeus, narizinho arrebitado, lindos cabelos negros, lisos e caindo sobre os ombros e bem cuidados.

Aproximei-me bem devagar, para não atrapalhar a sua seqüência e concentração, mas não foi suficiente, ela logo percebeu a minha chegada, e me pegou com um belo e sorridente cumprimento:

– Bom-dia, sr. Márcio!

– Por favor, Yolanda, não me chame de senhor, sei que sou um pouco mais velho do que você, mas não muito, certo?

– É verdade, mas é força do hábito, meu pai me ensinou a chamar todas as pessoas que não conheço bem de senhor ou senhora, faz parte do estilo da nossa educação espanhola.

– Yolanda, se você puder falar comigo agora, diga-me um pouco sobre você e o seu trabalho aqui no circo.

– Claro que posso. Sobre mim posso dizer que sou uma pessoa muito feliz, gosto muito do que faço aqui, e o que mais me motiva são os aplausos do público, é uma energia indescritível. No picadeiro, a gente se transforma, cada espetáculo é uma nova história, a gente reconhece a nossa responsabilidade para com o nosso público, e por que não chamá-los de clientes? Aliás, as crianças são muito exigentes e sinceras, se não gostaram do show, são as primeiras a falar para quem quiser ouvir. Fique atento sobre o que elas falam por aí, podemos medir se o nosso show está bom ou necessita de melhorias, somente prestando atenção nas crianças.

O nosso circo é pequeno, sou a única contorcionista da equipe, mas também participo como assistente do equilibrista no palco, junto com a minha mãe. Meu pai, o sr. Pépe, me levou a uma escola de circo com 5 anos de idade, na capital de São Paulo, e pediu ao professor que avaliasse se eu poderia ser treinada para o contorcionismo, pois para ele, com sua experiência, eu tinha as condições físicas necessárias para me tornar uma artista dessa especialidade, e isso se-

7. FAZER POR MERECER - UMA HISTÓRIA

ria uma nova atração para o Circo Humbertus. Assim foi a minha iniciação.

Eu apresento o espetáculo com várias manobras com o meu corpo e em vários sentidos, conseguidos com muitos exercícios específicos, aprendidos na escola de que lhe falei, causando a impressão de quase fenômeno anatômico para a plateia. Minha meta é executar um dia o "nó humano", existe apenas um contorcionista no mundo a fazê-lo, é uma performance com uma torção do dorso dificílima, e infelizmente ainda estou longe dessa realização, mas não desistirei tão fácil.

– Entendi, Yolanda, quero ver o seu número hoje à noite, mas me pareceu que você se preocupa com o público! O que é isso exatamente? Fale um pouco mais dessa preocupação com os nossos clientes, por gentileza.

– Que bom que o senhor se interessou por esse assunto... desculpa, Márcio! Nos últimos três anos, fiquei observando a reação do público sobre o espetáculo, e com alguns comentários em nossas reuniões, fiquei encarregada de fazer a pesquisa junto aos nossos clientes, assim o sr. Humberto os chamava. Todo intervalo e final de show, procuro conversar com as pessoas, principalmente as crianças, e no dia seguinte, na reunião antes do almoço, relato para toda a equipe o que escutei, para que todos analisem e dêem a sua sugestão.

É muito comum fazermos mudanças, incluir ou tirar atrações do show, porque a cultura muda de cidade para cidade e as pessoas mais ainda, aí está a razão de procurarmos atender, satisfazer e, mais do que isso, buscar encantar os nossos clientes, para que o show seja recomendado, respeitando a diversidade de cada local e de cada público.

Fiquei impressionado com os conceitos que a Yolanda mencionou. Com sua quase nada experiência empresarial, fez apontamentos significativos sobre os clientes, os quais eu havia escutado e lido nos livros da universidade, jamais visto na prática ao vivo e em cores, mesmo trabalhando em uma grande corporação; foi fácil de entender a *oitava lição*.

Em primeiro lugar, a departamentalização nas organizações ofusca o entendimento de que todos os colaboradores e funções internas deverão estar voltados para o cliente, afinal é ele quem paga as nossas contas e o nosso salário. Em segundo, a importância de estar atento, perceptível e fazer continuamente pesquisas sobre a satisfação e atendimento das necessidades dos nossos clientes, de maneira simples e eficaz. A terceira, e talvez a mais importante de todas, a flexibilidade humana de transformar, adaptar e contorcer-se para efetuar as mudanças desejadas pelos clientes, compreendendo suas sutilezas de acordo com as diversidades apresentadas na cultura, na região e no público-alvo. A gestão participativa era efetivamente aplicada, todas as informações e conceitos eram partilhados com a equipe de forma participativa, e com autonomia para fazer as adequações, sempre com o propósito de encantar o principal personagem da história de um negócio de sucesso; *"o cliente"*.

Agradeci os minutos de atenção dedicados por Yolanda, combinando a continuidade do nosso papo em outro momento, pois gostaria de terminar no mesmo dia a conversa com todos da equipe, e com um gesto de alegria, Yolanda simplesmente balançou a cabeça, como sinal de aprovação.

Do lado externo da lona, escutava vários latidos de cachorros; curioso, fui ao encontro dos latidos, avistando seis *poodles*, quatro branquinhos e dois pretinhos saltitando porque o momento era de euforia, o domador estava tratando os bichinhos. Ele usava um chapéu grande, estilo Indiana Jones, com uma barba cerrada, um tronco bem torneado e robusto. Além dos cachorros, a sua segunda paixão era a música; gostava de tocar violão e cantar. Sempre que podia, ensaiava com a banda do circo, fazendo parte no mínimo da música de abertura do espetáculo.

Tocava seu violão para os seus amiguinhos peludos, como uma ferramenta tranquilizadora depois de cada treinamento. Sua personalidade era reconhecida a distância, impunha sua autoridade para manter a ordem, a direção e a disciplina, mesmo na hora da alimentação. Aproximei-me do local, perguntando:

– Bom-dia! O senhor é o domador do circo, se não estou enganado, o seu nome é Laerte Santantonio, e está no circo há pouco mais de um ano. É isso mesmo, sr. Laerte?

– É isso mesmo! Em que posso ajudar ? Achei que por ser um dos mais novos aqui no circo seria um dos últimos a falar com você, mas por favor não me chame de senhor.

– Ok, Laerte, gostaria de saber como é o seu trabalho e que tipo de técnica você utiliza com os cachorrinhos.

– Márcio, creio que já lhe disseram que eu gosto muito de falar, e será um prazer explicar para você a minha técnica. Minha fórmula de adestramento é muito centrada, jamais bato nos animais, consigo seus feitos em troca de uma boa recompensa, ou seja, sou enérgico quando as coisas não são feitas corretamente e uso a recompensa quando as coisas são feitas certinhas, exatamente como planejei para chegar ao objetivo final da apresentação dos meus cachorros.

Os animais são inteligentes, aliás, os *poodles* são considerados os cachorros mais inteligentes de todas as raças, com diversas peculiaridades que o ser humano deveria copiá-las. Um amigo chamado Godri me explicou muitas coisas sobre os cachorros, no início da minha carreira artística, as quais pude constatar a veracidade ao longo da minha experiência.

Os cachorros são as criaturas mais motivadas deste mundo, eles não se importam se está calor, nevando, ventando, chovendo ou frio, saem da sua casinha quentinha e confortável e vêm te receber toda vez que você chega em casa. A alegria da sua chegada é muito maior do que o seu desconforto de sair na chuva. São capazes de dar a vida por você e também proteger a sua casa, eles são por demais persistentes. Quando você chega em casa com aquela calça branca impecável, sem pestanejar vêm ao seu encontro, sempre com muito entusiasmo, e você com medo de sujar a sua roupa, espanta-os de forma rigorosa e até violenta, mas eles não desistem, tentam, tentam e tentam ganhar o seu carinho de alguma forma, sua persistência é incomensurável.

O entusiasmo do cachorro é fantástico, mesmo acorrentado, ele permanece motivado, balança o rabo, late e pula quando vê alguém da sua casa. Aceita tudo que você oferece para ele, não faz desfeita, inclusive aceita-o como você é, não importa se você está malvestido, desarrumado, suado, de ressaca ou de mau humor, porque ele lhe conhece muito bem, mesmo estando longe do seu portão, ele sabe quando você está chegando, ele conhece o barulho dos seus passos, do seu carro e reconhece o seu cheiro a distância.

O cachorro sabe conviver em família como ninguém, cuida da sua cria com muito esmero, dá educação, alimento e principalmente muito carinho e atenção. O mais admirável no cachorro é a sua capacidade de perdoar, você pode chutá-lo, amarrá-lo, deixá-lo sozinho, esquecer de alimentá-lo e até mesmo não dar carinho e atenção. Mesmo assim ele lhe perdoa, e sempre arruma um jeito novo de lhe conquistar. Sabe por quê? Porque ele simplesmente o ama de todo o coração, com o mais puro dos sentimentos que um ser vivo possa ter por outro.

Como você já sabe, eu falo demais, nem dei oportunidade de você me perguntar, mas, em resumo, a minha técnica é a do carinho e da atenção. Mesmo que você tenha de dar uma bronca em alguém, é uma forma de atenção e carinho, pois você está se preocupando com a educação, com os limites necessários, com o crescimento e o futuro daquela pessoa. Por muitas vezes, a energia é mais que um carinho, é um cuidado de muito amor pelo outro.

Este é o meu estilo de vida, já trabalhei e domei grandes animais ferozes, o mesmo princípio foi utilizado e bem-sucedido, igualmente, com o adestramento dos animais de pequeno porte, como faço hoje.

– Fantástico Laerte, nunca havia pensado dessa maneira, minha ideia sobre o estilo de liderança no seu trabalho era muito diferente. Obrigado pela *nona lição* que acabo de aprender sobre técnica de liderança e também a correlação com os aspectos dos liderados, no caso o nosso amigo cão. Mais para a frente, gostaria de ter mais informações sobre esse seu estilo e suas experiências, Laerte.

Nem poderia imaginar que em um curto espaço de tempo poderia aprender tanta coisa! Se analisarmos cuidadosamente as técnicas de liderança aprendidas, podemos enxergar muitas semelhanças no dia a dia da nossa vida profissional. Vejamos o que Laerte nos ensinou:

a) A energia e a disciplina são importantes para o bom desempenho de uma equipe, por isso o líder deverá saber em que momento chamar a atenção e dar um puxão de orelha nos seus liderados, deixando claro o que não está bom e o que deverá ser feito para corrigir. Sempre que houver a necessidade de chamar a atenção de um liderado, deverá fazê-lo separada e individualmente, o mais breve possível, praticando o verdadeiro *feedback* pontual.

b) O reconhecimento e a recompensa são fatores fundamentais para a motivação e o entusiasmo da equipe, pois com eles a empresa terá maiores resultados. Quando houver a oportunidade de fazer um elogio a um liderado, deverá fazê-lo o mais breve possível e na presença de seus colegas de trabalho. Isso estimulará o comportamento de todos na empresa, apresentando o padrão de atitude esperado pela organização.

c) A conduta e a filosofia pelo exemplo de um líder são imprescindíveis para a conquista, o respeito, a autoridade e a confiança da equipe. A base dessa conquista está no carinho, na atenção e na participação respeitosa que as pessoas esperam receber de um líder.

Pasmo com os ensinamentos, fui caminhando de cabeça baixa entretido nos pensamentos, e sem querer esbarrei nas costas de um homem, que estava jogando algumas bolinhas para cima, destruindo completamente o seu habitual treino de malabarismo. As bolinhas se espalharam por todos os lados, mesmo procurando debaixo de tudo que havia por perto, ficou faltando uma. Sem entender o que tinha causado, pedi desculpas, tendo como resposta um sonoro:

– Você tem que prestar mais atenção por onde anda! Aqui neste circo todos estão de alguma forma trabalhando, mesmo que pareça para você uma eterna brincadeira. Logo vi quando você chegou aqui que não entendia nada do nosso trabalho, por isso vou lhe dizer que há um grande equilíbrio em tudo que fazemos.

O nosso circo muitas vezes é a grande diversão da cidade, ele faz a festa e transforma a paisagem, alegrando os corações das pessoas. Será muito difícil você imaginar o que representa a chegada do circo, sobretudo nas pequenas cidades do interior. A verdade é que a presença alegre da lona quebra a rotina da comunidade e traz a magia da imaginação e da poesia, arrancando gargalhadas e longos aplausos quase sempre com casa lotada. É muito grande a nossa responsabilidade por aqui, a realização dessa alegria para as pessoas depende da nossa disciplina e dedicação. Gostaria que você prestasse mais atenção em tudo isso que acabo de lhe falar.

– O senhor deve ser o pai da Yolanda, sr. Pépe, o equilibrista e malabarista, certo?

– Sim, sou eu mesmo, tenho que treinar duro todos os dias para manter a forma e o equilíbrio dos meus números. Escutei hoje pela manhã que estaria falando com todos, não tenho muito tempo, mas poderíamos aproveitar essa inesperada interrupção e já liquidarmos esse assunto comigo. O que você quer perguntar?

Ninguém havia me falado sobre o "gênio" do malabarista Pépe, ele foi rude e não muito receptivo inicialmente, mas eu tinha uma meta e deveria ser cumprida de qualquer maneira; me reequilibrei do estilo oferecido e fiz a primeira pergunta, já esperando respostas curtas, objetivas e sem rodeios.

– Sr. Pépe, quantos números o senhor apresenta no show?

– Minha apresentação é em um único momento, fazendo seis números – três de equilibrista e três de malabarismo.

– Desculpe a minha ignorância, mas qual a diferença entre equilibrista e malabarista?

Com um disfarçado grunhido, olhando para o lado, para eu não perceber que ele não estava gostando de explicar com detalhes a tal diferença, respondeu:

– Hummmmm, bem, malabarista é o artista que pratica jogos com malabares, tem que ter muita habilidade com os braços e as mãos. Equilibrista é o que realiza exercícios de acrobacia baseados em pontos de equilíbrio, também exige muito treino e determinadas habilidades de concentração. O número que mais envolve o público é o equilíbrio com dez pratos ao mesmo tempo, mantenho-os em rotação por mais de dez minutos. O que mais gostaria de saber?

– Em algum momento o José Carlos me falou que o senhor colabora na parte administrativa. Como exatamente é essa colaboração?

– Antes de lhe falar sobre o que faço na administração do circo, mesmo com a pressa que estou, gostaria de resumidamente comentar que não gosto muito desse trabalho, mas o seu tio Humberto me fez prometer que sempre o ajudaria nisso.

– Não entendi, sr. Pépe! Se não gosta desse trabalho, por que continua fazendo?

– Creio que seja interessante você saber. Fui um grande amigo e companheiro do seu tio em toda a sua jornada. Fui o primeiro a saber da sua enfermidade, mas é claro que não sabia, aliás, ninguém aqui sabia, que a doença era grave e os riscos que ele corria. Acompanhava-o em todas as consultas médicas, e em uma delas o médico foi incisivo, ordenando para ele cuidar mais de sua saúde, orientou-o para evitar o estresse a qualquer custo.

A partir desse momento, passei a monitorar os cuidados com a saúde do seu tio, que era bastante desequilibrado com o seu bem-estar, não conseguia separar a vida pessoal das atividades profissionais, não sabia colocar a razão e a objetividade nos seus negócios, era um sonhador e empreendedor, necessitava de alguém para colocar os seus pés no chão.

– Mas me parece que o José é extremamente organizado e supria essa deficiência do meu tio, sr. Pépe!

– Sim, Márcio, mas o José não tinha tanta experiência no equilíbrio financeiro do circo; nas demais funções administrativas ele é maravilhoso, e é por isso que o amigo Humberto delegou essa atividade e responsabilidade para mim.

Você deve entender que quando se trata de uma empresa, tudo e todos devem andar de forma equilibrada, nenhuma atividade deverá pesar mais que a outra, isso causaria alguns conflitos na equipe de trabalho, alguém poderia achar que estaria sendo prejudicado trabalhando mais que as outras pessoas, e ganhando a mesma coisa, como também poderia dar a impressão de que os líderes do circo estariam protegendo alguns na equipe. O resultado desse desequilíbrio seria impiedoso para o resultado do negócio e um desconfortável ambiente de trabalho.

– Concordo, sr. Pépe, mas o que isso tem a ver com a parte financeira?

– Hummm, acho que você não está se esforçando para entender, vou ter que explicar com detalhes mesmo! O desequilíbrio financeiro, quer seja da empresa, dos sócios ou da equipe de trabalho, é o ponto de partida para um bom e grande conflito, podendo deixar cair o empreendimento e o clima organizacional. Quando se trata de receitas, custos, despesas e economia, tem que ser muito frio e ter os pés bem plantados no chão. Não há espaço para erros, desatenção, retrabalhos, desperdícios e desequilíbrios.

Antes de mais nada, é muito importante que haja equilíbrio entre a vida pessoal e profissional, a tão falada qualidade de vida. Com esse ponto bem equilibrado, será grande a possibilidade de manter todos os pratos da empresa girando no apoio, como faço todas as noites. Uma empresa é feita de ideias, recursos e pessoas. Mantenha todos esses itens de forma equilibrada, e você colherá um bom resultado.

– Obrigado, sr. Pépe, não quero mais tomar o seu tempo, foi muito interessante a nossa conversa, peço-lhe desculpas mais uma vez pela perda da bolinha e agradeço a sua paciência comigo.

Com um olhar de seriedade, ele balançou a cabeça e voltou a procurar a bolinha perdida. Para mim, foi uma avalanche de conhecimento, de forma simples e muito objetiva. A *décima lição* não poderia ser mais atraente e interessante do que essa, mesmo com toda a sisudez do sr. Pépe.

Com uma voz vindo de longe, parecendo ofegante, chamando repetidamente sem saber de qual direção vinha, eu escutava:

– Chefinho, chefinho, chefinho..., ainda bem que o encontrei, estou com um compromisso com a minha namorada e gostaria de ser o próximo da conversa, assim fico liberado para o meu encontro, pois tenho que voltar antes, e bem antes do espetáculo começar, porque a pintura demora um bocado. Poderia ser, chefinho?

– Claro que pode! Pelo seu jeito e a função da pintura você deve ser o alegre palhaço do circo! Como é mesmo o seu nome?

– Me chamo Armindo. Podemos sentar aqui nesse banco? É que estou cansado, vim correndo.

– Bom-dia, Armindo, gostaria que falasse um pouco de você e do seu trabalho aqui no circo.

– Claro, chefinho! Minha história é no mínimo engraçada, aliás a minha vida é cheia de graça o tempo todo. Nasci embaixo de uma lona, meus pais eram de circo, trabalharam muitos anos em um espetáculo internacional na Argentina, lugar onde cresci. O circo internacional foi para uma turnê na Europa e eu não quis ir, porque sempre tive vontade de conhecer e trabalhar no Brasil. Foi aí que conheci o seu tio Humberto, ele havia acabado de comprar o circo, e eu estava em uma situação muito ruim, não conseguia emprego e não tinha onde morar e nem o que comer. Sem pestanejar, ele me contratou, nem sequer me perguntou o que eu realmente sabia fazer, simplesmente me falou: você começa hoje à noite, depois tratamos dos detalhes, pode ir almoçar com os seus colegas. E aqui estou! rah, rah, rah...

- Muito bom, Armindo, mas qual era a sua experiência em circo? O que você sabia e sabe fazer?
- Muitas coisas, chefinho! Como sabia tocar alguns instrumentos, comecei como músico e até hoje toco na banda do circo, mas a minha grande alegria é fazer as pessoas rirem, isso eu herdei do meu pai, que foi considerado um dos maiores e melhores palhaços de todos os tempos na Argentina, se chamava Carequinha. Meu nome artístico é Firulim, é assim que me chamam no circo, quase ninguém sabe que o meu nome é Armindo; depois de alguns anos, até mesmo os meus pais me chamavam de Firulim, pode?
- Pois bem, Firulim, que tema você apresenta no espetáculo?
- Rah, rah, rah..., querido chefinho, ainda bem que você me perguntou, era o que eu mais queria falar com você. Executo dois números básicos no espetáculo, mas vou lhe falar o que eu gosto mais: são diversos instrumentos musicais sendo tocados todos de uma só vez. Quando começo, é tudo uma bagunça, não acerto nada com nada, não há harmonia nem ritmo, não se entende nada do que está sendo tocado. Os instrumentos quebram, caem no chão, enfim, não dá nada certo; digo ao público que para dar certo, e eu conseguir tocar uma música com todos os instrumentos juntos, é necessário que haja alegria, e que a demonstração de felicidade se dá pelo volume e a quantidade de risos que escuto da platéia, utilizando um risograma (aparelho de medir risos), que se trata de um enorme e engraçado termômetro.

A verdadeira mensagem desse número é mostrar para as pessoas que elas podem rir de tudo: rir da situação que se encontram, rir dos outros e, principalmente, rir de si mesmo. Quando existe alegria no coração é muito mais fácil atingir a felicidade. Mostro que a felicidade está intimamente ligada à harmonia, as coisas se encaixam melhor, os instrumentos ficam afinados e até mesmo as coisas entram no ritmo. Quando o clima do espetáculo está bom, é sinal de harmonia no ar, e isso propicia um maravilhoso astral no ambiente e é extremamente contagiante.

Chefinho, é muito interessante essa coisa de contagiar as pessoas. Eu fico mais animado com a energia que recebo do público e faço melhor, quando faço melhor por estar mais entusiasmado, o número fica melhor ainda e o público se diverte muito mais, dando mais gargalhadas e demonstração de alegria. É como se fosse uma bola de felicidade que vai crescendo uns com os outros, é impressionante sentir tudo isso!

– Pô, Firulim, que coisa interessante! Fiquei imaginando esse mesmo efeito em uma empresa, como seria bom para todos. Bastaria que a liderança implantasse um pouco mais de riscos e alegria dentro da empresa, com isso as pessoas não teriam medo do seu líder, tampouco do trabalho, os erros seriam tomados como uma lição de aprendizagem, a criatividade seria efetivamente exercitada, os colaboradores poderiam trabalhar e transformariam a empresa em um clima de felicidade crescente. As equipes ficariam sincronizadas, todas as pessoas teriam o seu instrumento de trabalho afinado no mesmo tom, todos trabalhariam com a mesma partitura no ritmo certo, e principalmente oferecendo a harmonia perfeita para um bom resultado, gerando felicidade para os acionistas, líderes e colaboradores. Seria o máximo!

– Olha, chefinho, nunca trabalhei em uma empresa, como você, mas posso garantir que se a empresa conseguir essa harmonia, os resultados serão maravilhosos e os desafios alegremente superados.

– Nossa, Firulim! Como gostaria de refletir essa *décima primeira lição* com o meu professor Harley. Tenho certeza de que ele ficaria contente com esses pensamentos.

– Chefinho, tenho que ir, já estou atrasado, mas estarei à sua disposição, não tenho qualquer compromisso amanhã. Tchauzinho, rah, rah, rah...

Não havia me dado conta de que já estava perto do horário do jantar. Às 17h30min em ponto era servido, porque os artistas deveriam estar bem alimentados antes de iniciar o espetáculo, filosofia do tio Humberto. Olhando a lista que José tinha me preparado, verifiquei que faltavam algumas pessoas para terminar o trabalho, e que não havia conseguido cumprir a minha meta. O fato de não ter cumprido a meta não me deixou angustiado, lembrei um pouco do que Firulim tinha acabado de falar: rir mais de si mesmo para os resultados serem melhores.

Com certeza, os resultados foram esplêndidos, só fiquei ansioso por esperar mais uma noite para continuar a minha meta. No dia seguinte, no harmonioso café da manhã, muitos me cumprimentaram com mais atenção, sinal de aprovação do que estava fazendo. Antes de todos saírem da sala, pedi um minuto de atenção e fiz um agradecimento àqueles com quem já havia conversado, dizendo que no dia anterior havia aprendido muitas coisas, que até então somente lera nos livros de administração.

Informei que hoje continuaria a conversa, agradecendo antecipadamente o carinho e a atenção recebidos. Olhando novamente a minha lista, vi que o próximo seria o trapezista; aproveitei a permanência de José na mesa e perguntei:

– José! Como faço para encontrar o trapezista?

– É simples, Márcio. Com certeza ele está dentro da tenda principal iniciando o seu aquecimento físico, como faz todas as manhãs após o café.

Olhando novamente a lista, procurei o nome do trapezista, para chamá-lo pelo nome quando o encontrasse.

– Bom-dia, Fernando! Posso iniciar o dia falando com você, não atrapalho?

– De jeito nenhum, será um prazer conversarmos.

– Como sabe, o meu objetivo é conhecer um pouco as pessoas que trabalham aqui e, principalmente, um pouco mais sobre esse fantástico e maravilhoso mundo. Confesso que estou ficando apaixonado pelo assunto, mas já tive momentos insólitos.

– Veja, Márcio, posso te afirmar que isso é um vício bom no coração de quem tem a oportunidade de conhecer, não vi ninguém que tenha desistido do circo até hoje. Um pouco parecido com o sr. Humberto; desde criança sempre quis trabalhar em um espetáculo. Já de moleque vivia dando cambalhotas, saltando de árvore em árvore e trepando em tudo que podia; adorava lugares altos, muitas noites eu sonhava que subia em uma enorme montanha, e de lá me jogava, e antes de cair eu aprendia a voar, como num passe de mágica. Ficava horas voando pelos céus da minha cidade do interior de Minas Gerais, acordava muito eufórico e naturalmente ia brincar, no quintal de casa, com alguma coisa que lembrasse o meu sonho.

– Mas como você aprendeu a arte do trapézio?

– Foi uma coisa interessante! Na minha cidade e naquele tempo não existia qualquer escola circense, tampouco algum circo pelas redondezas. Mas eu estava determinado e tinha colocado como foco ser trapezista um dia. Procurei alguma coisa para ler, e realmente não existe muito sobre o assunto, mas fiquei preocupado com o pouco que li, porque o trapézio normalmente é herdado pela família circense, que se dedica exclusivamente a essa modalidade, passando de geração a geração a arte, diminuindo minhas chances de realizar meu sonho.

Como não consegui qualquer oportunidade na minha adolescência, relacionada ao trapézio, e com os meus pais me cobrando para ir trabalhar, arrumei emprego na única indústria da região, como ajudante na produção de queijo mineiro. Em pouco tempo, pela dedicação e responsabilidade, assumi a liderança de uma equipe, com melhor salário e bastante reconhecimento do gerente da área, que sempre me falava que um dia eu poderia assumir o lugar dele na fábrica, era só continuar estudando e me dedicar ao trabalho. Mas na minha mente e principalmente na minha alma não era aquilo que eu queria.

Numa sexta-feira, perto do horário do almoço, eu escuto do lado de fora da fábrica um carro de som anunciando a chegada do Circo Garcia, com o primeiro espetáculo no sábado à noite. Não tive dúvida, fui ligeirinho comprar um ingresso para o show, com o propósito de assisti-lo na primeira fila. Foi sensacional, mas quando chegou a hora do número do trapézio, o mundo parou à minha volta, fiquei vidrado e estarrecido, imaginando que poderia ser eu um dos trapezistas naquela noite. Durante o domingo e toda a semana no trabalho, só pensava no circo e nos trapezistas. Sem pestanejar, na sexta-feira, ao sair da empresa, fui direto ao circo para falar com eles e fui muito bem recebido, inclusive pelo patriarca, o sr. JG – assim ele era chamado por todos. Contei a minha história, o meu foco e o sonho de um dia me tornar um trapezista. Percebi que estavam todos à minha volta escutando tudo que falava, com muita atenção e respeito.

O sr. JG, com muita suavidade, me perguntou se largaria tudo o que tinha feito até hoje para me tornar um trapezista. Sem titubear, disse, em bom tom, firme e convicto: *"SIM"*. Com toda a família me olhando por alguns longos e silenciosos segundos, quebrando o silêncio, o sr. JG disse: Pois bem, meu jovem, acerte sua vida na cidade e com a sua família e venha com a gente, para se tornar um dos nossos trapezistas, fazendo parte da nossa humilde família.

– Nossa, Fernando! Que história bonita e que determinação da sua parte. Conheço poucas pessoas com tanta vontade e denodo. Com a sua experiência de ter trabalhado e liderado em uma fábrica, e o seu trabalho no trapézio, gostaria que você fizesse uma comparação entre o circo e uma empresa.

– Sabe, Márcio, já estive pensando sobre isso algumas vezes, e percebi que o trapézio nos dá algumas lições empresariais, no mínimo curiosas, pelas semelhanças. Vou tentar me lembrar e enumerar para você:

1. Creio que o primeiro ponto esteja em se ter um foco bem claro do que você quer ser e fazer. Trabalhando em um circo, dá vontade de aprender muitas coisas, mas se você enveredar para fazer tudo, provavelmente não fará nada muito bem-feito. Por isso, é importante focar em um único e determinado tema, buscando conhecer e ser o melhor do mundo naquilo que você decidiu ser e fazer. Podemos comparar isso quando a empresa não tem um foco, quando ela não sabe bem o que quer fazer, ser e aonde quer chegar, fica tentando um monte de coisas ao mesmo tempo, sem foco, prejudicando o seu crescimento e desperdiçando energia humana e financeira. Esse tipo de ação não é nada inteligente.

2. No número do trapézio, uma outra ação também importantíssima é a do planejamento. Todos os movimentos são cuidadosamente planejados e superestudados, com cronometragem rigorosa, sincronismo perfeito e segurança total. O planejamento determina em qual momento devemos entrar no trapézio e em que instante devemos sair para o salto, com um componente extremamente forte no trabalho em equipe, vigorando o sentimento essencial para o sucesso: *"a confiança"* de que no momento exato estará lá uma pessoa de braços e mãos estendidos para segurá-lo. A empresa que tiver os mesmos princípios de planejamento, de sincronismo, de segurança, de saber entrar e sair do mercado ou produto na hora certa, de promover o trabalho em equipe e com o componente que realmente faz diferença, e confiança, com certeza estará fadada ao sucesso.

3. A coragem para o risco também é um dos atributos de um trapezista. O nosso trabalho é desenvolvido fora do chão, aliás a mais de dez metros de altura, não há espaço para o erro. Lem-

bro-me de uma palestra à qual assisti na empresa em que trabalhei, que representa muito bem o que estou querendo dizer:

"Se disser algo errado, poderá dizê-lo de novo. Se escrever algo errado, poderá reescrevê-lo. Se fizer algo errado, o erro ficará com você para sempre." – Choochat Watanaruangchai.

Por natureza, o trapezista tem que ter a ausência do medo de arriscar-se. Na empresa, possivelmente poderíamos pensar a mesma coisa. Toda empresa inicia com uma idéia, mas se não houvesse a coragem para arriscar e iniciar o negócio, não teríamos a evolução do mundo moderno. O risco não se concentra apenas em abrir uma nova empresa nos dias de hoje, porque na velocidade que andam as coisas, ele está presente a todo instante, no dia a dia da empresa e da carreira profissional. Por isso, as empresas e os profissionais chamados atualmente de globalizados têm que saber administrar os seus medos, sua coragem e principalmente o risco, que infelizmente são inevitáveis na vida da empresa e de todos à sua volta.

– Entendi muito bem, Fernando, o que você está dizendo. Sua comparação com uma empresa foi ótima, concordo com todos os seus pontos de vista. Gostaria muito de continuar a explorar suas experiências, mas tenho de terminar a minha lista. Agradeço a sua dedicação e gostaria que você me desse a dica de como encontrar o mágico do circo.

– Sim, Márcio, vamos continuar o nosso assunto em outro momento. Muitas vezes, eu e o seu tio conversamos sobre essas coisas, ele até fazia algumas anotações, e dizia que colocaria em prática aqui no circo. Márcio, também estou curioso para escutar as suas experiências. Ah! quase esqueci, o nosso romântico mágico deve estar no seu laboratório, dentro do seu *trailer*, no mínimo fazendo alguma nova experiência mágica. Fica atrás do canil.

– Obrigado mais uma vez, Fernando, nos veremos outra hora.

Quando ouvi Fernando comentar sobre as anotações do meu tio, fiquei remoendo e me culpando por que não havia pensado nisso. Quantas anotações eu poderia ter feito, e a próxima pessoa seria a última, como eu poderia resgatar tudo isso?

Lembrei-me direitinho de uma frase que meu pai sempre nos dizia: *"No fim, tudo se resolve. Se não está resolvido, é porque não chegou no fim".*

Portanto, para resolver essa minha inexperiência, me programei mentalmente para fazer todas as anotações logo após a entrevista com o mágico, porque ainda estavam borbulhando na minha cabeça, recordando que tinha acabado de ganhar a ***décima segunda lição.***

Chegando perto do canil, os adoráveis *poodles* me reconheceram, e balançando os seus curtíssimos rabinhos, sorriram alegremente pela minha passagem, quando avistei imediatamente o *trailer* do romântico mágico, de forma inconfundível, pois estava pintada na lateral do seu laboratório móvel a seguinte mensagem:

"Mágica é a arte de tornar o possível impossível, o impossível possível".

Batendo em sua porta, cumprimentava-o com a esperança de ser atendido:

– Bom-dia, senhor mágico!

– Espere um pouco, estou terminando uma experiência muito, muito interessante!

Após uns seis minutos de espera, a porta se abre, e na minha frente surge um senhor elegante, impecavelmente trajado, com gel no cabelo grisalho, um grande e robusto bigode bem aparado e um sotaque de portunhol, me fazendo um gesto de cortesia, abaixando-se como uma reverência, com o seu braço esticado simbolizando o convite da minha entrada no seu *trailer*.

– Tenha a bondade de entrar, jovem rapaz! Não repare na desorganização, mas estava testando um novo invento para ensaiar uma nova apresentação mágica.

– Obrigado pelo convite, senhor. Com a sua permissão, poderíamos sentar um pouco para conversarmos?

– Mas é claro que sim, já o estava aguardando. Gostaria de tomar comigo um chá de hortelã que acabo de preparar? Faz bem para os pensamentos e a criatividade.

– Agradeço muito a sua gentileza, vou acompanhá-lo. Antes de mais nada, como devo chamá-lo? De Marbel ou Marco Antonio?

– Meu filho, aqui todos me chamam de Marbel. Sei também que a maioria dos nossos amigos me considera um eterno romântico. E realmente sou e gosto de ser romântico, porque a vida necessita de romance o tempo todo, ela é um mistério maravilhoso que divinamente podemos experimentar. É preciso jamais esquecer que o mágico é um cavaleiro do impossível, um embaixador do mistério e um romancista do insólito.

– Sr. Marbel, gostaria muito de saber tudo sobre o senhor, a mágica e a sua parte aqui no circo.

– Será um prazer, meu filho! Essa cena está muito parecida com uma oportunidade que tive com o Humberto. Há vários anos, ele me fez um pedido semelhante, e a partir daí nunca mais terminamos o assunto. Portanto, você pode imaginar que a nossa conversa será longa.

– Estou preparado para isso, e com grande interesse em adquirir todos os conhecimentos que puder.

– Márcio, outro dia recebi impresso de um amigo narrando a história e origem da mágica, que ele pesquisou e encontrou no site *www.universidadedamagica.com*, muito interessante; fiz alguns complementos nos meus apontamentos, mas estou sem óculos; por favor, leia para nós.

"A mágica é considerada a arte das artes; seu início deu-se de uma explosão no universo, criando a terra e o homem. O primeiro a praticá-la, segundo a Bíblia, foi o próprio Criador ao fazer surgir Eva de uma costela de Adão; em sua peregrinação multiplicou pães e transformou água em vinho. Com Moisés, surgiram as tábuas dos mandamentos e a divisão do Mar Vermelho.

Um antigo papiro egípcio escrito por volta de 2000 a.C, no Egito, registra o surgimento de um homem – Dedi – que entretinha os escravos na construção das pirâmides, a fim de motivá-los e dar-lhes ânimo; era também contratado para fazer com que as portas dos templos se abrissem, aparentemente por si mesmas, e para fazer com que os deuses de pedra falassem ou lançassem fogo pela boca.

Perante a corte, diz-se que lhe trouxeram um ganso decapitado, o qual ele pôs do lado oeste da sala, e com algumas palavras mágicas fez com que o ganso começasse a tremer, e ao se aproximar dele, a ave se levantou, cacarejando. Logo se trouxe outro ganso, e o mesmo foi feito. Em seguida o faraó ordenou que trouxessem um boi e o decapitassem, e Dedi, com um novo encantamento, fez com que o boi se levantasse, mugindo. O registro foi escrito mil anos depois da performance, o que nos deixa suspeitas do que realmente aconteceu, porém o truque de decapitar animais e lhes dar vida novamente foi e é um clássico até os dias de hoje.

7. FAZER POR MERECER - UMA HISTÓRIA

A prática de truques de mágica demorou muito mais para difundir-se na Europa. A esmagadora maioria da população européia da Idade Média era ignorante, sem estudo, e muito influenciada pelos padres da época, que em tudo viam bruxaria. Portanto, para a maioria da população, um indivíduo que fosse capaz de fazer uma moeda sumir em sua mão ou decapitar uma galinha e ressuscitá-la certamente tinha um pacto com o diabo. Esse aspecto da sociedade da época não permitiu que a mágica se difundisse em grande escala. Mesmo assim, na Inglaterra e em partes da Europa Ocidental existem registros de mágicos que executavam truques muito simples para pequenas platéias, e que obtinham bastante êxito.

Nessa mesma época, as cortes reais mantinham um mágico residente para entretenimento e consultas sobre o futuro e determinadas decisões, mas também foram considerados bruxos e até queimados vivos. No século XIX, Charles Mouton abriu as portas do primeiro teatro de variedades (Magia e Ilusionismo), porém o mais famoso mago e ilusionista de todos os tempos foi o mestre Harry Houdini. Com os irmãos Lumiére criou-se a sétima arte, o cinema, sendo o primeiro filme produzido e encenado por um mágico e ilusionista, George Meliés.

Hoje, temos a mágica como centro da inocência da humanidade, transformando o que parecia impossível em realidade, e transmutando os seres humanos em sabedoria essencial, direcionando-os na apresentação eficaz de sua vida profissional, descobrindo os efeitos mágicos do futuro, viabilizando a continuidade dos resultados empresariais e pessoais, pois somos a primeira geração de homens no processo evolutivo da humanidade que precisa reaprender.

Devemos continuar exercendo a elegância e o bom humor, para viabilizar a confiança e felicidade de um SER MAIS HUMANO.

Assim surgiu a mágica no mundo..."

– Muito boa a sua leitura, Márcio. Você deve ter percebido que acrescentei um pouco do meu romantismo no texto.

– Achei muito interessante, percebi que o senhor enveredou um pouco para o lado empresarial. Teria um papel e um lápis para fazer algumas anotações? É justamente esse lado de gestão que também gostaria de explorar. Aliás, é muito difícil aprender a fazer mágica?

– Nada é impossível quando se fala de magia. Como um bom observador que você é, deve ter lido a minha mensagem no lado de fora do *trailer*. Como tive alguma experiência em administração e ainda continuo desenvolvendo projetos junto às empresas, tentarei fazer alguns paralelos, já refletidos anteriormente, para você.

São três noites de espetáculo a que você assistiu até hoje, e, conseqüentemente, viu tudo o que aconteceu no meu número, certo? Vamos enumerar juntos as necessárias qualificações, habilidades, conhecimentos e domínios de um mágico. Todos utilizados em uma única apresentação:

1. *Carisma para conquistar, cativar e encantar* – o gestor que cultivar o seu carisma terá muita facilidade de conscientizar e conquistar os colaboradores em prol do encantamento dos clientes.

2. *Personalidade, credibilidade e elegância* – o gestor que fertilizar seu caráter e educação, todos os dias, ganhará por recompensa a credibilidade e a confiança das pessoas à sua volta.

3. *Persistência para pesquisar, aprender e treinar* – o gestor que tem a consciência da perseverança, entendendo que não sabe tudo, aprenderá mais e com facilidade. A diferença entre prática e treinamento é simples: praticamos as partes e treinamos o todo.

4. *Investimento contínuo no planejamento* – o gestor que sabe planejar e enxergar aonde quer chegar terá maiores chances de bons resultados e muito menos desgastes.

5. *Comunicação envolvente e persuasiva* – a boa comunicação de um gestor poderá ser o diferencial de uma carreira de sucesso e de um negócio lucrativo.

6. *Expressão corporal para a teatralização* – os gestos na comunicação têm maior representatividade do que a própria fala. Por isso, a expressão correta é fundamental para a boa comunicação.

7. *Sensibilidade e sentido de tempo e espaço* – o gestor que coloca em prática sua sensibilidade para priorizar, organizar e controlar colherá melhores resultados e menos estresse.

8. *Conhecimento de luz, som, música e dança* – o gestor deverá buscar a multidisciplinaridade das informações, buscando a generalização, para promover a sua empregabilidade.

9. *Improvisação e intuição* – o mágico trabalha diretamente com o fator risco, mas faz do imprevisto uma oportunidade: nem tudo é possível prever e planejar. O gestor deverá saber administrar a sua intuição e improvisar na hora certa e quando necessário.

10. *Naturalidade, suavidade e bom humor* – o gestor que transita na seara da humildade, da suavidade e da autenticidade colherá um bom clima organizacional.
11. *Imaginação, originalidade e flexibilidade* – a arte da criatividade deverá ser exercida pelos gestores, mas exigirá coragem e muita flexibilidade para quebrar paradigmas.
12. *Respeito ao público* – o gestor que desenvolver a perícia da retidão da sua equipe, da empresa e dos fornecedores conquistará o coração e a fidelização dos seus clientes para sempre.

Você percebeu quantas coisas um mágico tem que saber? Não é muito diferente das habilidades e conhecimentos exigidos no mercado de trabalho. Uma das grandes habilidades de um mágico é lidar com as mudanças, acredito que essa habilidade seja uma das mais exigidas no mundo empresarial de hoje. Você concorda, Márcio?

– Não saberia responder agora para o senhor, estou até um pouco tonto, foi uma avalanche de informações, já estou até arrependido de não ter comigo um gravador, isso facilitaria tudo para mim. Por que não tive essa ideia antes?

– Vejo que você ainda precisa melhorar muito a sua habilidade de planejamento.

– Sem dúvida, sr. Marbel! Vou me dedicar e investir mais tempo no planejamento a partir de agora, com certeza as coisas ficarão mais fáceis.

– Fique tranquilo, Márcio, você tem muito tempo para aprender os segredos da magia administrativa. Um mágico aprende quando deixa de fazer os truques que ele gosta e começa a executar os truques que o público aprecia, sendo que nada é tão perfeito que não possa ser aperfeiçoado. Reflita sobre isso!

– Sabe, Marbel, li uma vez numa revista que o Copperfield, antes de se apresentar em qualquer mágica, ensaia à exaustão, pensando em todas as possibilidades que podem dar errado. Para garantir, ele traça dois planos: A e B. Se o plano A dá errado, muda para o B. Creio que isso seja uma boa prática de planejamento. O que o senhor acha?

– Vejo que você já está crescendo nos conceitos aprendidos. Uma das coisas que deve ter sempre em mente é o resultado final da apresentação. Tentar perceber o que realmente o seu público está esperando de você, do seu produto ou serviço, para que o fechamento seja eternizado na mente dele.

– Um show de mágica pode proporcionar ao seu público muitas coisas como: alegria, risos, entusiasmo, raciocínio, surpresa, antiestresse, sensibilidade, energia, imaginação, doação, emoção, afeto, criatividade, ilusão, lazer e diversos benefícios, em todos os sentidos. Mas é muito difícil você prever e atingir todos os resultados em uma única apresentação.

A bola de cristal pode até mostrar o futuro, mas não pode mudá-lo. Quem faz acontecer é você. Por isso, olhe dentro da bola de cristal que existe em cada um de nós: você é o dono verdadeiro do seu futuro, não poderá deixar ninguém navegá-lo por você.

E quando for executar o que planejou em sua vida pessoal, profissional e principalmente para os seus clientes, lembre-se que um bom mágico faz em sua apresentação um começo surpreendente, o meio marcante e um final inesquecível.

– Realmente, Marbel, vejo constantemente as pessoas cuidarem do início, com a frase conhecida *"a primeira impressão é a que fica"*, mas com o que acaba de falar, devemos ter também muito cuidado com o fim, para que ele seja marcante e inesquecível. Lembrarei disso de hoje em diante.

– Falando em inesquecível, vamos encerrar o nosso encontro com o meu lado romântico sobre a arte mágica, que costumo apresentar em alguns momentos especiais:

A mágica é a rainha das artes, porque reúne todas as artes em uma só, como também reúne quase todos os conceitos da ciência, como matemática, física, química e psicologia. Mágica é uma fantasia, tudo que o homem pensou em realizar um dia: vencer a lei da gravidade, fazer desaparecer objetos aparentemente impossíveis de sumirem. Mas há mistérios mágicos que o homem, infelizmente, deixou de enxergar há muito tempo: sem mistério, a vida teria tanto sentido quanto uma vela apagada.

O ser humano tem um poder mágico inigualável, mas esquecido no tempo, como:

• *sua própria aparição, seu nascimento;*

• *a sedução de sua companheira, o amor de sua vida;*

• *o surgimento dos seus filhos, sua continuidade;*

- *a manipulação de viver dia após dia;*
- *a criatividade de envelhecer;*
- *a imaginação dos seus sonhos;*
- *a sensibilidade com o próximo;*
- *a habilidade de representar seus vários papéis no mundo.*

– Acho que consegui anotar tudo, grande mestre, mas não consegui prestar muita atenção em tudo que foi dito. Depois que passar a limpo a minha **décima terceira e última lição**, farei uma leitura cuidadosa e reflexiva, e com certeza necessitarei da sua ajuda. Poderia voltar em outra hora?

– Seria um prazer muito grande ter novamente a sua companhia na hora do chá. Ficarei te aguardando, e lembre-se que a verdadeira mágica está dentro de cada um de nós, sendo o último refúgio do ser humano para não perder sua inocência.

Inebriado com tanto aprendizado, fui correndo para o ônibus que José havia cuidadosamente ajeitado, para a minha permanência, com um minúsculo mas aconchegante espaço, incluindo até mesmo um miniescritório. De tanta concentração para escrever os apontamentos, simplesmente esqueci e perdi o almoço. A equipe não me incomodou, entendendo que era mesmo importante o que eu estava fazendo, mas ao abrir a porta do *trailer* para entrar um pouco mais de ar, porque o dia estava realmente quente, na escada estava um prato coberto com um pano, com algumas frutas e um lanche de queijo e presunto.

São essas pequenas coisas que a gente recebe sem pedir que encantam a nossa vida e achamos que vale a pena ter amigos e pessoas queridas em nossa volta. Quando já estava anoitecendo, terminei de escrever tudo que consegui me lembrar, acreditando que se tivesse esquecido alguma coisa, com certeza não seria de extrema relevância. Mesmo com todos os apontamentos no papel, havia alguma coisa que não se encaixava, a seqüência estava um pouco confusa, mas, enfim, estava terminado o que havia planejado.

Escutando o sinal do jantar, com fome, me dirigi ao refeitório, agradecendo a todos que encontrei no caminho pela delicadeza da refeição recebida. O show da mesma noite foi maravilhoso; a forma como assisti ao espetáculo fora completamente diferente de três dias atrás. Passei a enxergar o circo, os artistas e o espetáculo com olhos, alma e coração totalmente diferentes. Estava simplesmente apaixonado por tudo e todos.

No dia seguinte, logo que abri a porta do *trailer*, José veio ao meu encontro e pediu que sentássemos um pouco nos degraus, e com uma conversa suave me disse:

– Acho que chegou a hora de eu cumprir a última promessa que fiz ao seu tio.

Fiquei curioso e ao mesmo tempo apreensivo, com receio de algo ruim vir à tona.

– Fale logo José, é algo ruim?

– Não, Márcio, é apenas uma entrega!

– Entrega de quê? Não estou vendo nada em suas mãos?

– É porque está no meu bolso; aqui está, ele escreveu essa carta para você no último dia de sua hospitalização. A letra não é dele, é minha, pois ele não tinha condições mais de escrever, e fez um grande esforço para ditá-la. Vou deixá-lo agora, fique tranqüilo, se preferir leia a carta e depois tome o seu café da manhã. Ahhhh! não está escrito, mas ele me fez prometer que falaria para você a seguinte frase: "Faça por merecer."

A ansiedade era tanta, que esqueci de agradecer a José, e também não entendi bem a frase. Entrei apressado, tranquei a porta do *trailer*, abri o envelope e, desdobrando as quatro folhas que ele continha, estava como um milagre a solvência das incógnitas do meu manuscrito. A carta dizia:

"Querido sobrinho,

Se você está lendo esta carta, é porque aceitou o desafio de dar continuidade ao meu sonho e à minha razão de viver, que fico honrado e extremamente agradecido.

Tenho certeza de que tudo que aconteceu foi uma surpresa para você. Em nenhum momento acreditei que o meu irmão teria lhe falado sobre o nosso combinado, conversado inúmeras vezes por telefone, mas entendo que ele queria me confortar e poupar-me de preocupação, pois nós dois sabíamos que havia pouco tempo para tudo acontecer. Sabe, Márcio, o seu pai é um ser humano maravilhoso, tem um enorme coração e só faz o bem para as pessoas, penso nele todos os dias com muita saudade, por isso tenho a certeza de que a sua educação e o seu jeito de ser devem ser muito parecidos com o dele, você deve se orgulhar disso.

Com as informações que recebia do Palmiro, sobre seus estudos e evolução profissional, acredito que você, antes de fazer alguma coisa no circo, deve ter falado com quase todos, para conhecer as pessoas e o que é um circo. 'Espero que tenha entendido e gostado.'

Pretendo resumir a minha experiência, com o propósito de facilitar a sua gestão. Cometi um erro quando iniciei a administração do circo, logo após a sua compra. O meu engano foi falar somente com os artistas, me esqueci de que um circo, ou qualquer outro empreendimento, não consegue o seu resultado sem a equipe de apoio, mesmo que tenha os artistas mais famosos e qualificados do mundo.

No nosso Circo Humbertus há uma equipe de apoio fantástica, e creio que você não saiba e nem conheça essas funções, mas vou lhe apresentar. Temos:

- *Barreira* – faz montagem e desmontagem dos números no espetáculo.
- *Camarada* – ajuda a armar o circo e cuidar da sua manutenção.
- *Capataz* – examina a segurança das cordas, cabos de aço, mastaréus e grades.
- *Cortineiro* – movimenta cordas ou dispositivos elétricos e cortinas.
- *Figurante* – participa do espetáculo como complementação de cena.
- *Iluminador* – cria e projeta a iluminação do espetáculo.
- *Maquiador e cabeleireira* – maquila e faz penteados nos artistas.
- *Maquinista* – constrói, monta e desmonta cenários.
- *Sonoplasta* – elabora o fundo musical, trilha ou efeitos sonoros especiais.

Ao longo da minha jornada, andei desenvolvendo alguns trabalhos recreativos para algumas empresas e reparei que as equipes de apoio são pouco valorizadas pela direção. Não são eles que fabricam o produto nem vendem, mas sem eles nada acontece na empresa. Se você não falou com eles, não cometa o mesmo erro, converse com todos, você verá que os componentes da equipe de apoio são os anjos da guarda do nosso circo, dos artistas e dos nossos espectadores.

Demorei um longo tempo para entender, vivia questionando nos primeiros anos do circo, após os espetáculos: como poderiam aqueles artistas tolerar a mesma apresentação todas as noites, e no fim de semana, por duas ou três sessões seguidas? Como agüentar os mesmos treinos, procedimentos, rotinas, piadas e histórias, com platéias similares, com pequenas variações, desde o entusiasmo à quase indolência?

Fiquei me perguntando se esse tipo de mesmice ocorre dentro das empresas. As pessoas cumprindo as suas tarefas todos os dias, fazendo as mesmas coisas. Como podem auxiliares, recepcionistas, motoristas, ajudantes de produção, líderes, executarem tarefas tão rotineiras?

A vida me reservou muitas surpresas, mudando constantemente o curso de minha história. Trabalhei em muitas coisas, sempre mudando de um lado para outro, por não suportar as coisas habituais. De repente, vi-me num picadeiro com diversos olhares de uma platéia, sem sequer saber o nome daquelas pessoas, apresentando o mesmo show todos os dias, ao longo de vários anos.

Foi aí que descobri que não há rotina, que inexiste a mera repetição. Cada espetáculo é singular, porque as pessoas são diferentes, porque o ambiente muda, porque o espírito dos artistas não é o mesmo de ontem. Lembro-me de Saint-Exupéry:

> *'Cada um que passa em nossa vida, passa sozinho, pois cada pessoa é única e nenhuma substitui a outra. Cada um que passa em nossa vida, passa sozinho, mas quando parte, nunca vai só nem nos deixa a sós. Leva um pouco de nós, deixa um pouco de si mesmo. Há os que levam muito, mas há os que não levam nada'.*

O amor verdadeiro pelo que se faz muda tudo. O artista ama o palco, o instrumentista ama a música, o ajudante de produção ama ajudar os outros, os auxiliares amam auxiliar seus colegas, os motoristas amam a liberdade e os líderes amam as pessoas. Cada apresentação é única; cada tarefa, ímpar. Porque a plateia de todos nós é invariavelmente distinta.

Nossa vida não é uma repetição medíocre das outras pessoas, nem sequer do que fazemos para a nossa sobrevivência e subsistência. É na verdade uma única passagem, com poder de transformá-la em momentos e atitudes excepcionais. Basta fazer tudo como se fosse pela primeira vez, e pela última vez, e você experimentará a magia de viver.

Márcio, depois de adquirir uma boa experiência na gestão do circo e muita reflexão, em várias noites sem sono, coloquei, segundo a minha lógica, o ordenamento dos conceitos recebidos pelos artistas, hoje meus grandes amigos. Provavelmente esses conceitos você já tenha aprendido na sua universidade com seus mestres e livros, mas aqui você receberá o que foi executado na prática e deu certo, mesmo que eu não tenha sequer completado o primeiro grau.

Seja humilde e aproveite esses ensinamentos, para você dar continuidade ao trabalho desenvolvido com sucesso até hoje, e lhe servir de base para as mudanças necessárias em sua gestão. Como diz a música do Lulu Santos: 'Tudo muda o tempo todo no mundo'. Vamos direto aos pontos principais:

Primeiro Aprendizado: ter uma direção comum, administrando os pontos de convergência (no picadeiro das empresas chama-se 'foco').

Focar, na prática da gestão, significa concentrar atenção ou esforço em um único ponto, evitando a dispersão e o desgaste de energias, em atividades e tomadas de decisão que não correspondem à visão da empresa, ou seja, aonde ela quer chegar e ser.

No meu mundinho, de cidade em cidade, enxergo a acirrada competitividade do mercado, imagine com a globalização! É comum ver um gestor atirar para todos os lados, querendo fazer muitas coisas ao mesmo tempo, sem um foco definido, muitas vezes comprometendo os seus resultados.

Estamos focados quando aglutinamos todos os recursos, pessoas e ações para o mesmo sentido. Buscar conhecer e ser o melhor do mundo naquilo que você decidiu fazer. Isso lhe trará ganhos com menos desgaste.

Segundo Aprendizado: você pode e deve utilizar continuamente a 'metanoia', ou seja, enxergar de maneira nova a realidade e as transformações em sua volta. Roberto Adami Tranjan diz que *'a metanoia é o processo de se livrar de entulhos abrindo espaço para o novo'.*

Como gestor, você deverá praticar a habilidade e o poder da observação. Observar, de forma estruturada, os desejos e necessidades do seu público e mercado. Em um espetáculo circense, é muito simples observar a satisfação dos seus clientes, basta enxergar a quantidade de sorrisos e aplausos, e se não houver na grande maioria, é um bom sinal para abrir espaço para o novo e pesquisar as causas, mesmo que tenha que mudar o seu foco.

Terceiro Aprendizado: além de ter um foco e praticar a observação, até mesmo para mudá-lo se for preciso, é importante construir estratégias para o seu negócio e equipe. Uma das ferramentas de gestão mais utilizadas no mundo é a do Planejamento Estratégico, que permite analisar os pontos fortes e fracos da empresa e as oportunidades e ameaças no seu ambiente externo e interno, estabelecendo objetivos, metas e ações que possibilitem um aumento da competitividade empresarial. Winston Churchill disse: '*Planejar é tomar a decisão de colocar um pé diante do outro*'.

Quarto Aprendizado: todo planejamento estratégico deve iniciar com a definição da filosofia organizacional. Tudo tem uma origem, uma história e uma essência, por isso, antes de sair fazendo algumas coisas, recomendo edificar a *Missão*, a *Visão* e os *Valores* da empresa, com as seguintes premissas:

- *Missão:* é a razão de ser de uma empresa, define a natureza do seu negócio e quais os tipos de atividade em que a empresa deve concentrar seus interesses no futuro.

- *Visão:* é o quadro inspirador do futuro preferido por sua empresa. Ela não é, muitas vezes, limitada por tempo e representa propósitos globais permanentes. Simplificadamente, é aonde a empresa quer chegar no futuro.

- *Valores:* são os compromissos que a empresa se impõe no sentido de cumprir sua Missão. Todos os comportamentos, atitudes e preceitos que a empresa valoriza no dia a dia.

Quinto Aprendizado – ter o cliente (seu público) como o principal valor na empresa, disseminado e praticado por todas as áreas, departamentos, setores e equipes de trabalho todos os dias. A departamentalização e a subdivisão das tarefas não devem ser impedimento para que todos e tudo estejam voltados para o atendimento, satisfação e encantamento do cliente, afinal é ele quem paga as nossas contas e o salário de todos na organização.

É comum nas empresas os departamentos de Marketing e Comercial serem os únicos cobrados pela situação do cliente, mas seria incoerência, por parte da direção, visto que uma empresa trabalha como um organismo vivo. Se apenas uma das partes desse sistema não funcionar de acordo, poderá comprometer a fidelização dos seus clientes e, conseqüentemente, a perenidade do seu negócio.

Sexto Aprendizado – em algum lugar eu li que custo é como unha, deve ser cortado toda semana. Os cuidados com os custos e despesas devem ser controlados diariamente, mas tomando o cuidado de não cometer um erro comum de cortar todos os custos e despesas, simplesmente por necessidade de economia, de forma linear e sem coerência.

Todas as idéias, sugestões e projetos devem ser apreciados e calculados previamente, para análise e tomada de decisão sustentada. Sabe-se que o valor final do seu produto ou serviço era calculado com a seguinte fórmula:

Custos + Despesas + Lucro = Preço

Hoje, a fórmula foi totalmente invertida. Deve-se pesquisar qual o preço que o cliente está disposto a pagar para o seu produto ou serviço, ficando os demais elementos da fórmula acima como lição de casa para ser viabilizada. A empresa que não conseguir encontrar a sua fórmula interna estará fora do mercado em pouco tempo.

Sétimo Aprendizado – o trabalho em equipe chegou para ficar no ambiente profissional. Aquele profissional que não souber desenvolver ações fazendo parte de um time estará fora do mercado empregatício. Para lhe dar um bom exemplo do que quero explicar seria você pensar: quem descobriu a luz elétrica? O avião? A gravidade? Provavelmente, você estará respondendo o nome de uma única pessoa para cada invento. Responda agora quem inventou o chip? A clonagem? A TV de plasma? E o celular? A resposta não terá um nome, porque foi um verdadeiro trabalho em equipe.

O bom desempenho das equipes está totalmente relacionado com o sucesso da empresa, por isso, além de o profissional saber trabalhar em equipe, o líder deverá ser um excelente dirigente, ou seja, a pessoa que dirige a sua equipe pelo caminho certo e fazendo as coisas certas.

Há muita diferença entre liderar e gerenciar. Gerenciam-se recursos, trabalhos e tarefas, mas lideram-se pessoas e equipes de gente. O líder deve não esquecer de:

- quando necessário, chamar a atenção e dar um puxão de orelha nos seus liderados, o mais breve possível e individualmente, deixando claro o que não está bom e o que deverá ser feito para corrigir;
- em todas as oportunidades de bom resultado, o mais breve possível e na presença dos outros, reconhecer e recompensar seus liderados. Isso eleva a motivação e o entusiasmo da equipe. Divulgue aos quatro cantos os elogios, porque isso estimula o comportamento e a atitude de todos da equipe, apresentando o padrão de atitude e o resultado esperados pelas pessoas;
- a máxima de um líder atualizado é a liderança pelo exemplo. Não cabe mais o ditado 'faça o que eu digo, mas não faça o que eu faço'. A conduta ética e profissional de um líder é imprescindível para conquistar o respeito, a autoridade e a confiança da equipe. A base dessa conquista está no carinho, na atenção e na participação respeitosa que as pessoas esperam receber de um líder.

Oitavo Aprendizado – a forma como aprendi esses conceitos foi usando uma frase bem comum: '*não sei*'. Ter a virtude da humildade, sabendo reconhecer que não sabe tudo, é um excelente e gratificante começo para construir um trabalhar sincronizado. A modéstia é um dos valores buscados nos recrutamentos de profissionais, principalmente de pessoas que têm iniciativa de ajudar os outros, dentro ou fora da empresa, por isso que os projetos de voluntariados e responsabilidades sociais são uma prática crescente nas empresas. Lembre-se do que Sócrates dizia: 'Só sei que nada sei'.

Nono Aprendizado – dizia Nelson Rodrigues: *"toda unanimidade é burra"*. Nessa situação, provavelmente alguém não tomou a decisão que deveria tomar, e, pior, todos ficaram quietos e preferiram o conforto do consenso, espalhando a responsabilidade entre todos, assim ninguém especificamente será chamado a atenção. Aprendi rapidamente que o gestor muitas vezes fica isolado diante de um problema, mas a tomada de decisão é intransferível e dolorida.

É comum não identificarmos o verdadeiro problema. Avaliamos a situação e o estado atual das coisas e baixamos a decisão, sem avaliar suas causas. Existem muitas ferramentas que lhe auxiliarão nessa empreitada, como: PDCA, 5W – 2H, espinha de peixe, entre outras. Recomendo-lhe que toda vez que tiver de tomar uma decisão, trilhe os quatro passos abaixo:

1. *Examinar adequadamente a situação:*
a) defina o real problema; b) identifique os objetivos da decisão; e c) diagnostique as causas dos problemas.

2. *Criar as alternativas de solução:*
a) busque todas as alternativas viáveis; b) não avalie ainda nessa fase.

3. *Avaliar as alternativas e selecionar a melhor:*
Use as ferramentas de apoio para a escolha.

4. *Implementar e monitorar a decisão:*
a) planeje bem a implantação; b) implemente o plano pontualmente; c) monitore a implementação e faça os ajustes necessários.

Décimo Aprendizado – quando existem alegria, bom humor e harmonia em um ambiente de trabalho é sinal de que o clima organizacional vai soprar a favor dos resultados para a empresa. O líder deve ser o principal agente de contágio de um bom clima organizacional, e também o responsável por proporcionar os recursos necessários para essa energia positiva. O resultado é a multiplicação, como em uma espiral, em todos os departamentos e equipes, podendo chegar até mesmo aos seus fornecedores e clientes.

Para atingir o clima ideal, as pessoas não podem ter medo dos seus líderes, tampouco do trabalho que executam. Os erros, na tentativa de acertar, deverão ser considerados uma lição de aprendizagem, a criatividade deverá ser estimulada e recompensada, o sincronismo deverá ser exercitado pela equipe de líderes. O resultado será grandioso para todos.

Décimo Primeiro Aprendizado – evitar a todo custo os retrabalhos, desperdícios e desequilíbrios de todo tipo. Deve-se entender que, hoje em dia, qualidade do produto e serviço é o mínimo que o cliente espera receber, ele não pagará a conta da sua desorganização e desperdícios.

Mas quando falo sobre equilíbrio, também quero dizer do equilíbrio entre a sua vida pessoal e profissional, a sua qualidade de vida. Você deve se preocupar com esse ponto, ele é importante, evita o estresse e manterá equilibrada a colheita dos bons resultados. Infelizmente, essa lição eu não pratiquei a tempo.

Décimo Segundo Aprendizado – li um artigo do professor Reinaldo Passadori muito interessante, em que ele dizia: 'Comparamos o mundo ao nosso próprio referencial de vida, de como percebemos o mundo, que passa a ser o *'nosso mundo'*, com os nossos valores, conceitos e preconceitos.' Por isso, a comunicação permeia como um dos maiores e intrigantes problemas dentro e fora das organizações. Criamos os nossos conceitos e interpretações como a única verdade de um diálogo, e é aí que começam as dificuldades e os enormes ruídos.

Antes de lhe dar algumas recomendações de como se comunicar corretamente, é importante saber escutar ativamente. Escutar é um pouco diferente de ouvir; por isso, tome os seguintes cuidados:

- primeiro, é preciso querer ouvir de verdade;
- feche a boca, abra os ouvidos e dê sinais de que você está realmente ouvindo;
- esteja presente de corpo e alma no diálogo, sem interromper nem apressar;
- não fique na defensiva, receba livremente o que está sendo dito;
- reaja às idéias e nunca à pessoa;
- saiba aceitar o silêncio da outra pessoa, sem préconceituá-la;
- ouça as emoções e aquilo que não foi dito, principalmente os gestos;
- nunca discuta o assunto mentalmente; se tiver dúvidas, pergunte sempre.

Depois de saber ouvir atentamente o que está sendo falado, é importante cuidar de alguns detalhes da sua comunicação, como:
- olhe nos olhos da pessoa e esteja com a atenção focada e envolvida com ela;
- procure manter a calma e tenha paciência para esclarecer os assuntos. Pensamos quatro vezes mais rápido do que falamos;
- evite contradizer com as palavras *'mas, todavia, entretanto e contudo';*
- valorize e respeite as opiniões de seu interlocutor. Saiba lidar com a discordância;
- repita, questione, pergunte, evitando interpretações infundadas;
- reconheça suas virtudes, sonhos, conhecimentos e sentimentos na hora de se comunicar.

Décimo Terceiro Aprendizado – as qualificações, habilidades, conhecimentos e domínios das pessoas que trabalham para o seu negócio podem fazer a grande diferença. Gosto muito do conceito em que o profissional deve reconhecer e se concentrar nos seus pontos fortes, em suas melhores habilidades e na área de maior competência. Cabe ao profissional buscar e também ao líder colocar a pessoa certa no lugar certo.

A empresa deve cuidar para não transformar incompetentes em medíocres. Deve concentrar energias e recursos para transformar competentes em astros de desempenho, utilizando os seus pontos fortes para o resultado do negócio. Alguns cuidados são interessantes para o sucesso em sua carreira, como:

1. utilize seu carisma para o bem e a favor dos resultados;
2. ganhe a credibilidade da sua equipe e dos seus superiores;
3. tenha persistência em aprender e transmitir continuamente;
4. invista no planejamento, na prevenção e na execução;
5. adquira comunicação correta, envolvente e persuasiva;
6. projete sua empregabilidade, conhecendo e atuando em diversos setores;
7. não tenha medo de usar a intuição e saiba correr riscos;
8. mantenha o seu bom humor e a sua humildade;

9. coloque a sua criatividade, imaginação e originalidade em ação;
10. saiba lidar e se adaptar às mudanças com agilidade;
11. busque continuamente a satisfação total do seu cliente. Satisfaça e, se possível, encante a você mesmo, os clientes, os acionistas, o seu superior, seus fornecedores e sua equipe;
12. em tudo que você estiver envolvido, procure fazer um começo surpreendente, o meio marcante, e um final inesquecível.

Não mais estarei presente fisicamente quando você estiver lendo esta carta, mas estarei eternamente ao seu lado e acompanhando todos os espetáculos no grande e eterno circo de cima, dirigido pelo Senhor de todos os milagres como mágicos do universo.

Inspirado pelo Marbel, deixo o seguinte pensamento: 'Com um brilho no olhar de alguém e a magia do encantamento, surge na alma e no coração a poesia viva do mistério supremo do impossível humano, o embrião do SER, adaptando-se à mágica do aprendizado da sobrevivência, conduzindo suas ações à plenitude da estreia, nascendo mais um ser de sabedoria, iluminado pela magia da vida.

Cativado pelos caminhos do mundo, nosso SER identifica-se com seu papel, observando seus espectadores ansiosos por um erro, a fim de descobrir seus truques e segredos da vitória. Em alguns momentos, sua própria imaginação invoca o efeito da ilusão, desencantando seus sentimentos e ofuscando sua visão, no incrível desejo de encontrar a solução, eis que mais uma vez renasce o sentimento mágico, fazendo dos inevitáveis imprevistos uma oportunidade de aprendizado e crescimento, cientes de que o futuro e a varinha mágica da realização estão em nossas mãos.

O despertar do mágico, que está dentro de cada um de nós, encontra-se na ação do desenvolvimento de nossas potencialidades, que propicia a eficácia do resultado e do sucesso, através deste ser surpreendente que é o SER HUMANO'.

Márcio, ame seus familiares, amigos, a equipe e o circo. Ame profundamente seu público e a você mesmo, fazendo ACONTECER e fazendo por MERECER, tudo o que os outros seres humanos e o universo lhe ofertaram.

Desejo-lhe muito sucesso e compreensão, e desde já agradeço do fundo da minha alma tudo que fizer pelo nosso circo e pelos meus amigos.

JEFFERSON LEONARDO

Deixo um abraço apertado no seu coração, agradecendo a Deus por você existir na minha vida."

Entre soluços e lágrimas, em uma oração, agradeci a Deus pela oportunidade e pedi que cuidasse do meu tio no reino do céu, deixando-o como o meu anjo da guarda para iluminar o meu caminho, fazendo uma promessa, no total silêncio da minha alma e no mais profundo dos meus sentimentos:

"Tio, prometo que farei tudo que for possível, e até mesmo o impossível, para **FAZER POR MERECER** o seu legado".

Bibliografia

COVEY, Stephen M. R., *O poder da confiança: o elemento que faz toda diferença.* Rio de Janeiro; Editora Elsevier, 2008.

FERNANDES, Mauri Cardoso. *Intuição com amor: você encontra quando menos espera.* Rio de Janeiro: Qualitymark, 2005.

GOLEMAN, Daniel. *Inteligência emocional: a teoria revolucionária que redefine o que é ser inteligente.* Rio de Janeiro: Objetiva, 2006.

LYLES, Richard I. *Hábitos vencedores: quatro segredos que irão mudar sua vida.* Tradução Rosana Telles. Rio de Janeiro: Landscape, 2004.

MAEDA, John. *As leis da simplicidade.* São Paulo: Novo Conceito, 2007.

RAMOS, Cosete. *O despertar do gênio: aprendendo com o cérebro inteiro.* Rio de Janeiro: Qualitymark, 2004.

RIBEIRO, Nuno Cobra. *A semente da vitória.* São Paulo: Editora Senac, 2001.

SEMLER, Ricardo. *Virando a própria mesa: uma história de sucesso empresarial made in Brazil.* Rio de Janeiro: Rocco, 2002.

TRANJAN, Roberto Adami. *Metanóia, uma história de tomada de decisão que fará você rever seus conceitos.* São Paulo: Gente, 2002.

WAGNER III, John A. e HOLLENBECK, John R. *Comportamento organizacional – criando vantagem competitiva.* São Paulo: Saraiva, 2000.

Fale conosco!

VOCÊ acaba de ler a segunda edição do livro *Fazer Acontecer e Fazer por Merecer*.

Ficarei muito feliz se você dedicar alguns minutos enviando-me suas sugestões e *feedback*.

Convido-o(a) a visitar os meus *sites* e a conhecer meu trabalho na área da capacitação de pessoas e gestão organizacional.

Sites:

www.jeffersonleonardo.com.br

www.inovativa.net

e-mails:

jleonardo@gramadosite.com.br

jleonardo@hy.com.br

Twitter:

com/jefleonardo

Fones:

(54) 9978-3816

(51) 3542-2151

Caminhos do Sucesso

A Conspiração
Holística e
Transpessoal do
Terceiro Milênio

Autores: Francisco Di Biase e
Mário Sérgio F. Rocha
Nº de páginas: 164
Formato: 16 x 23cm

A obra apresenta um novo método de desenvolvimento do potencial humano, denominado *Holistic Coaching*, capaz de conduzir o leitor a caminhos da excelência, prosperidade pessoal, profissional e empresarial.

Para desencadear este transformador processo global de capacitação pessoal e transpessoal, os autores utilizam-se de diálogos, histórias e psicotecnologias, permeados pelas experiências e técnicas dos maiores expoentes da ciência, da psicologia, da medicina, da administração, do marketing e da liderança, além da visão dos grandes mestres das Tradições Espirituais e da Sabedoria de todos os tempos.

O livro tem o objetivo de revelar e desenvolver junto ao leitor aspectos importantes de seu potencial humano, fundamentados no novo paradigma holístico e transpessoal que vem emergindo da moderna pesquisa da consciência.

Gestão Estratégica de Pessoas

Sistema, Remuneração e Planejamento

Autores: Luiz Paulo do Nascimento e Antonio Vieira de Carvalho
Nº de páginas: 224
Formato: 16 x 23cm

A ideia é passar para o leitor uma visão da gestão de pessoas com foco em estratégias que possam ser delineadas, além de proporcionar uma compreensão tática das diferentes ferramentas de recursos humanos. A visão que se procurou transmitir se refere à de organização de pessoas, ou seja, de uma organização na qual prevalecem o calor humano, os sentimentos, as vontades e o respeito por seus semelhantes, por entendermos que a maioria das pessoas não gosta de receber imposições.

Para atuar num mercado em que a mudança é um fator vital para a sobrevivência do mundo empresarial, faz-se necessária, urgentemente, a implantação de novas ferramentas e novos sistemas para recrutar, selecionar, treinar, determinar salários, avaliar desempenho e coordenar os colaboradores disponíveis. Por essa razão, há a necessidade do planejamento estratégico de RH no contexto de mudanças programadas.

Educação e Desempenho Profissional

Autores: Antônio Vieira de Carvalho e Luiz Paulo do Nascimento.
Nº de páginas: 176
Formato: 16 x 23cm

O texto está focado em tecnologia educacional, planejamento de carreira e teorias comportamentais, que se complementam, proporcionando resultados práticos através de ações consistentes e desejadas tanto pelos colaboradores como pelos gestores. Este livro tem como propósito oferecer aos gestores meios adequados para obter de seus colaboradores melhores desempenho e motivação para que os objetivos organizacionais de crescimento, desenvolvimento e sustentabilidade sejam atingidos.

O conteúdo apresentado neste livro, voltado exclusivamente para os resultados educacionais, planejamento de carreira e do plano de desempenho funcional, dará uma importante contribuição à gestão de recursos humanos em relação à sustentabilidade, aliando a eficiência, que leva ao crescimento profissional, ao compromisso e ações voltadas para o desenvolvimento empresarial e para a preservação dos talentos.

QUALITYMARK EDITORA

Entre em sintonia com o mundo

QualityPhone:

0800-0263311

Ligação gratuita

Qualitymark Editora
Rua Teixeira Júnior, 441 – São Cristóvão
20921-405 – Rio de Janeiro – RJ
Tels.: (21) 3094-8400/3295-9800
Fax: (21) 3295-9824
www.qualitymark.com.br
e-mail: quality@qualitymark.com.br

Dados Técnicos:

• Formato:	16×23cm
• Mancha:	12×19cm
• Fontes Títulos:	BellCent NaNum BT
• Fontes Texto:	New BskvII Bt
• Corpo:	10,5
• Entrelinha:	12,5
• Total de Páginas:	128
• 2ª Edição:	Maio de 2010
• 1ª Reimpressão:	2011
• Gráfica:	Rotaplan